Simplement le bonheur

Thérèse Hart

Simplement le bonheur

Les Éditions
LOGIQUES

LOGIQUES est une maison d'édition agréée et reconnue par les organismes d'État responsables de la culture et des communications.

Nous remercions le Conseil des Arts du Canada, le ministère du Patrimoine canadien et la Société de développement des entreprises culturelles du Québec pour leur appui à notre programme de publication.

Révision linguistique: Corinne de Vailly, Cassandre Fournier
Mise en pages: André Lemelin
Graphisme de la couverture: Christian Campana
Photo de la couverture: Benoît Chalifour
Photo de l'auteure: Alain Comtois

Distribution au Canada:
Logidisque inc., 1225, rue de Condé, Montréal (Québec) H3K 2E4
Téléphone: (514) 933-2225 • Télécopieur: (514) 933-2182

Distribution en France:
La Librairie du Québec, 30, rue Gay-Lussac, 75005 Paris
Téléphone: (33) 1 43 54 49 02 • Télécopieur: (33) 1 43 54 39 15

Distribution en Belgique:
Diffusion Vander, avenue des Volontaires, 321, B-1150 Bruxelles
Téléphone: (32-2) 762-9804 • Télécopieur: (32-2) 762-0662

Distribution en Suisse:
Diffusion Transat s.a., route des Jeunes, 4 ter, C.P. 1210, 1211 Genève 26
Téléphone: (022) 342-7740 • Télécopieur: (022) 343-4646

Les Éditions LOGIQUES
1247, rue de Condé, Montréal (Québec) H3K 2E4
Téléphone: (514) 933-2225 • Télécopieur: (514) 933-3949
Site Web: http://www.logique.com

Simplement le bonheur

© Les Éditions LOGIQUES inc., 1998
Dépôt légal: deuxième trimestre 1998
Bibliothèque nationale du Québec
Bibliothèque nationale du Canada

ISBN-2-89381-554-5
LX-667

174654

*C'est toujours par un sommeil que les
grandes choses commencent.
C'est toujours par le plus petit côté
que les grandes choses arrivent.*

Christian Bobin
Le Très-Bas

Sommaire

Préface

Albert Camus rêvait d'écrire «l'histoire d'un contemporain guéri de ses déchirements par la seule et longue contemplation d'un paysage.» Dans le même esprit, avec *Simplement le bonheur*, Thérèse Hart nous invite à regarder des «petits chrysanthèmes blancs, roses, jaunes et rouges» pour y trouver un apaisement synonyme de guérison.

La vie moderne est tumultueuse. On le sait. Elle est pleine de bruit et de fureur, pour reprendre l'expression célèbre de Shakespeare. Le besoin d'aller de plus en plus vite et la fierté qu'on en tire tiennent lieu de quête de sens. On s'étourdit, puis on s'étonne ensuite d'avoir la nausée. Cette fuite en avant débouche sur le vide. Rien d'étrange à ce que le mal de l'âme soit si répandu.

Dans ses billets, Thérèse Hart nous propose un antidote à la désespérance. Ce peut être une lecture qu'elle a faite et qu'elle commente avec brio, les pages où elle s'inspire de Christiane Singer ou de Christian Bobin sont parmi les plus belles qu'elle ait écrites, ce peut être aussi une méditation sur l'inutilité, sur la patience des petits pas, sur le goût du beau, ou, plus simplement encore, ce peut être une réflexion sur l'importance du prénom qu'on donne à un enfant, telle une rêverie à ciel ouvert, un espace à créer.

Thérèse Hart affectionne par-dessus tout les mots simples, qui vont droit au cœur. «J'aime l'eau, écrit-elle. Non pas cette masse immense, puissante et écrasante de la mer et qui n'a de limites visibles que celles que lui trace le ciel à l'horizon. Mais l'eau des lacs, des rivières et des fleuves, plus accueillante aux rivages fleuris de maisons et de clochers ou bordés d'arbres, de prairies ou de montagnes.» De quelques traits de plume, elle brosse un paysage et suggère un sentiment de bien-être qui coule en soi comme une petite musique qu'on réapprend à écouter.

J'ai beaucoup de respect et d'admiration pour Thérèse Hart. Elle est d'une nature délicate. Elle appartient à cet ordre d'esprit qui va à contre-courant de la vulgarité ambiante. Elle choisit d'écrire ses billets comme on offre des fleurs, avec l'espoir de faire naître un sourire de ravissement.

Sainte-Beuve, dans ses *Pensées et maximes*, rappelle cette parole charmante de Mme Valmore: «Il faut faire de la vie, comme on coud, point à point.» Et c'est bien là le métier de Thérèse Hart. Elle crochète les mots pour en faire une dentelle.

Christian Bouchard
Professeur de littérature et
chroniqueur au *Nouvelliste*

À chacun son âne

Un conte lu dans le passé et relu récemment avec plus d'attention me donna matière à penser. L'histoire se passe en sol étranger à nos us et coutumes et à une époque indéterminée. Mais ce conte d'Andrée Chédid*, «L'ancêtre sur son âne», est beau et rempli de sagesse.

Assad, notre personnage principal, célibataire de son état, est contraint de s'exiler. Arrivé dans sa patrie d'adoption, il déborde d'initiative et décide, entre autres choses, d'acquérir un âne. Il voue un grand attachement à cet animal qui devient en somme sa raison de vivre. Saf-saf, l'âne ainsi nommé, est son frère, son ami, son confident, en plus d'être son moyen de locomotion.

Assad exerce un métier très humble, mais grâce à sa boutique ambulante, son petit négoce va bon train. Satisfait de son existence simple et sereine, ponctuée de joyeuses rencontres et de plaisanteries autour d'une tasse de café, tout est bonheur pour lui. Il ne cherche en rien à s'enrichir. Et cela, jusqu'au jour où un compatriote lui offre de faire fructifier ses avoirs.

Peu doué pour les affaires et trop heureux de se débarrasser de cet argent, qui lui pèse, Assad consent

---

* Chaque astérisque placé après le nom d'un auteur renvoie à la liste des ouvrages cités que vous trouverez à la fin de ce livre.

à cet arrangement avec reconnaissance. Et du jour au lendemain, notre ami se retrouve riche mais inquiet et mal à l'aise de l'être. Ses amis lui conseillent alors de s'établir au plus tôt et lui trouvent une épouse digne de sa nouvelle situation financière. Mais il n'est pas heureux: ce nouveau style de vie lui va aussi peu qu'un mauvais déguisement.

Assad a sacrifié ce qu'il aime pour plaire à sa femme et à sa nouvelle famille; cependant, il n'accepte aucune concession quant à son âne. Il le garde près de lui et lui prodigue soins et caresses. En butte au mépris des siens à cause de ses origines misérables, il se réfugie de plus en plus auprès de son ami. Peu à peu, il reprend ses randonnées à travers la campagne dont il revient tout joyeux après de longues semaines d'absence. Mais laissons ici cette histoire qui finit sur une triste note pour entrer dans la nôtre. On pourrait dire qu'on a tous besoin d'un âne, c'est-à-dire d'une raison de vivre bien à nous, plus forte que tout, même si elle paraît banale aux yeux des autres.

Une raison de vivre qui donne du sens à notre existence et à laquelle nous nous accrochons comme à une bouée de sauvetage. Un âne pour cheminer en bonne compagnie sur les routes lisses ou cahoteuses de notre parcours terrestre, pour maintenir notre confiance aux heures de doute et d'ennui.

Et si la comparaison paraît choquante à première vue, pensons à Francis Jammes qui aimait tant les ânes que, dans ses prières, il souhaitait aller au ciel en leur compagnie.

Au fil des années

Ce matin, le tic-tac de mon horloge domine le silence. Sec, impitoyablement régulier, il accompagne mes pensées qui folâtrent çà et là, en quête d'un petit coin accueillant et douillet où elles pourraient se loger. Rien n'arrête la marche du temps cependant, et ce rythme résolu me fait osciller entre rêve et réalité.

Il me semble que l'année qui finit, c'est hier qu'elle a débuté. Je ne comprends pas que tout aille si vite quand mon horloge semble avancer d'un pas si tranquille. Une fois qu'elle a pris le départ, tortue entêtée, elle se «hâte lentement», sans perdre une minute. Peut-être se repose-t-elle, comme le cœur, entre deux battements?

Je me demande si ce sont les heures qui me pressent ou si c'est moi qui devance les jours et les années? Chose certaine, je n'aime pas être bousculée; aussi, je voudrais m'agripper à ce balancier et me laisser bercer, au fil des secondes, en le priant de ne pas trop se hâter, jusqu'aux derniers moments de l'année.

Quand je la regarderai partir, cette année-là, à bout de souffle et la verrai basculer, non dans le néant mais dans l'Histoire, je sais bien qu'elle aura marqué mon âme. Je tenterai peut-être d'en faire le bilan. Peine perdue. Je serai vite ramenée à l'essentiel de mon questionnement. Aurai-je vécu le bon et le moins bon sans rien refuser, fait bon usage de l'adversité comme du bonheur? Et j'entends déjà le tic-tac imperturbable me dire: fais comme moi, va de l'avant!

Des regrets se pointeront peut-être, la nostalgie des jardins que je n'ai pas vus, où je ne me suis pas promenée et dont je n'ai pas respiré les parfums. Je ne verrai sans doute jamais ces jardins dont il m'arrive de rêver, pleins d'arbres, d'oiseaux, de fleurs aux mille et une couleurs, où je fais couler, à volonté, un ruisseau qu'enjambe un petit pont. Jardins si beaux dans ma tête que j'en deviens sourde et aveugle au mien, plus humble mais réel.

Nous n'habitons pas les jardins, mais ils peuvent nous habiter. Pourquoi se refuser à les inventer, à les faire vivre, si le temps d'une balade, nous pouvons nous défaire de nous-mêmes et de nos responsabilités? Pour ma part, au retour de ces échappées où j'oublie le balancier qui grignote le temps, je retrouve mon jardin: moins bien fleuri qu'en rêve, moins romantique, mais bien à moi. Il m'est cher car j'en ai remué la terre et planté ce qui y pousse.

Tout cela pourrait faire croire que je ne trouve beaux et bons que les rêves. Non, car il arrive que la réalité se fasse plus belle encore que le rêve et le dépasse. Alors, les ruisseaux, les oiseaux, les fleurs et le petit pont deviennent musique toute proche, bonheur et baume pour le cœur et l'âme; mots qui s'envolent et vont, du bout de l'aile, déposer un message discret chez celui-ci ou celle-là; souvenirs qui relient les deux rives du passé et du présent pour ouvrir les portes de l'avenir.

Alors, pourquoi ne souhaiterais-je pas à tous, aux grands surtout, parce que les petits sont familiers du rêve, une année pleine de ces jardins fous où, dans le silence, aller puiser fantaisie, réconfort, courage, paix, et tout l'amour qu'il faut pour vivre?

Camus et son enfance

J'ai récemment lu le dernier livre d'Albert Camus*, *Le Premier Homme*, paru après sa mort. Sans le vouloir, puisqu'il allait périr dans un accident de la route à l'âge de 46 ans et avant d'avoir terminé et révisé son manuscrit, il disait adieu, dans ces pages, au monde et à la vie qu'il avait tant aimés.

Récit très émouvant, tour à tour triste et drôle d'une enfance pauvre sur le plan matériel mais riche en joies simples. Passionné, d'une grande sensibilité, cet enfant vif d'esprit est très attaché à sa terre natale, à ce pays de soleil brûlant et d'eau où s'accrochent ses rêves et ses souvenirs.

Albert Camus n'a jamais connu son père, mort prématurément un an après la naissance de son fils, laissant sa famille dans la pauvreté. L'enfant aime tendrement les siens, sans pouvoir pourtant exprimer ses sentiments. Il chérit surtout sa mère, silencieuse et résignée qui ne lui manifeste sa tendresse que par son beau regard si doux. Elle n'aura cependant pas le courage de défendre son fils contre une grand-mère despote et très dure.

C'est malgré tout au sein d'un dénuement qu'on a peine à imaginer qu'Albert Camus goûte ses joies les plus belles et si intenses qu'elles préservent cet être riche d'intelligence et de cœur. Le soleil et la mer nourrissent cette enfance malheureuse mais pleine de rebondissements d'où sort l'adulte lucide, courageux et très humain que nous connaissons par ses œuvres.

Quand, au début de son adolescence, sa grand-mère le force à travailler durant les vacances pour aider la famille à joindre les deux bouts, on voit sa belle enfance se briser sur les récifs de la réalité. Privé de ses plus belles joies, la mer et ses escapades avec ses amis, Camus, de santé fragile, exécute des tâches monotones dans un bureau où il rêve d'évasion et de repos.

Malgré toute cette misère, son livre est plein de fraîcheur, de spontanéité, où l'humour n'est pas absent. On sent néanmoins percer la mélancolie de cette âme délicate et fière, ainsi qu'un sens très fort de l'honneur et de la droiture. L'enfant qu'il révèle, vivant sous le joug d'une grand-mère omnipotente, aurait pu devenir un délinquant ou, à tout le moins, un homme amer. Il développera plutôt un grand amour pour l'humanité, dénonçant l'injustice et tout ce qui abîme l'homme.

À l'heure de faire ses choix d'adulte et conscient sans doute de ses responsabilités face à la vie et aux autres, il a opté pour le pardon au lieu de la vengeance, pour la générosité au lieu de la rancœur. Un choix à faire par tous à un moment ou à un autre de la vie.

Cette part ignorée
de nous-mêmes

De petits chrysanthèmes blancs, roses, jaunes et rouges ont fleuri au soleil d'automne le long de la maison. Depuis deux mois, le froid du matin n'a pas réussi à les faire flancher. Mes fleurs semblent se rire de l'hiver qui arrive à pas de loup. Elles ont fait provision de lumière et de chaleur pendant tout l'été pour s'épanouir au moment où les autres fleurs rendent l'âme. Elles se tiennent maintenant serrées pour se garder au chaud jusqu'à la fin, jusqu'au gel fatal qui les abattra. Elles auront alors tout donné de leur beauté.

Elles sont ma bouffée de joie de chaque jour. Tenaces, courageuses, fières et joyeuses, elles rient de tous leurs pétales et me parlent d'espoir. L'hiver va venir, mais je peux l'oublier pour un moment: j'ai encore du temps pour vivre le bel automne qui s'étire et se prélasse, envoûtant comme on ne l'a vu chez nous depuis longtemps.

Mes chrysanthèmes sont sans doute les dernières fleurs de l'année. On s'affaire à ramasser les feuilles mortes sur les pelouses. Dommage qu'on ne puisse les y laisser, elles sont si belles. Quand je vois les sacs qui en sont remplis, cordés au bord du chemin, je suis un peu triste. Je me console tout de même avec la belle lumière qui n'a plus d'autres obstacles pour entrer dans la maison que les troncs des arbres et les branches maintenant muettes et raides.

La terre va bientôt se reposer pour préparer secrètement son épanouissement du printemps. Mais n'anticipons point: il faut d'abord connaître l'hiver. Il est difficile à vivre mais il recèle sa propre beauté aussi: c'est la ville qui lui a fait mauvaise réputation avec ses rues sales; il reste cependant des endroits préservés.

Comme en chacun de nous, il existe cette zone épargnée où se cachent l'innocence et l'authenticité. Un endroit secret qu'aucune laideur n'a pu salir, qu'aucun chagrin n'a pu entamer et qui résistera sans doute jusqu'à la fin. Comme mes petits chrysanthèmes accompagnent et donnent du sens à l'automne qui s'éloigne, ce coin secret de notre être donne un sens à la vie. Rien n'est perdu tant que persiste à respirer cette part de nous, la plus ignorée sans doute, mais la plus belle.

Une question de goût

J e n'aime pas les autoroutes. Je vous entends déjà me signaler qu'elles sont sécuritaires et qu'elles contribuent à diminuer le nombre d'accidents. J'en conviens mais cela ne change rien à mes préférences, ce sont les courbes que j'aime. Les petites routes toutes sinueuses et pleines de surprises, comme celles que ce long ruban droit et ennuyeux abandonne tout au long de son itinéraire, à droite et à gauche.

Ces chemins ont une mine attrayante, un petit rien de féminin et de tendresse qui invite au repos, ils ont l'air de cacher un secret. Je sais qu'ils conduisent à des villes et des villages, mais le petit bois, qui souvent les précède, lui m'attire. J'ai toujours envie de bifurquer pour aller m'y promener, flâner et fuir la vitesse qu'il faut maintenir afin d'éviter que les automobilistes qui me suivent ne s'impatientent et ne me jettent des regards furieux en me doublant.

Ça me stresse de garder toujours le même rythme: j'ai la sensation d'avoir une jambe de bois et aucune fantaisie ne vient égayer mes yeux. Une longue haie d'arbres rangés en ordre de bataille surveillant le paysage plat et les passants, c'est tout ce que m'offre l'autoroute. Si je ne peux me tailler un beau morceau de ciel bleu, juste assez grand pour y mettre un nuage blanc, je m'ennuie à mourir. Je ne peux pas rêver, je dois être attentive à la route qui n'en finit plus de se dérouler.

Au retour, c'est pire encore. Les routes secondaires me sont interdites en raison de l'obscurité. J'ai toujours hâte de rentrer à la maison, où je tourne en rond si ça me plaît. La ligne droite n'est pas naturelle, elle ne ressemble pas à la vie, pleine de courbes, de chemins de traverse dont on ne sait pas où ils mènent. La Terre est ronde, ou presque, la lune et le soleil le sont aussi. On le voit bien quand les rayons solaires sont avalés par les nuages et qu'on n'aperçoit plus que cette boule de feu.

La musique aussi est ronde, c'est ce qu'on dit d'une belle voix, du son d'un instrument à cordes quand il est bien rendu. La rondeur, c'est la beauté, c'est la perfection. Elle est synonyme de sincérité, de simplicité, de bonhomie. Elle est invitante, attirante comme un beau visage plein, au galbe harmonieux, où les arêtes sont adoucies.

Quand rien ne va pas plus dans la tête de quelqu'un, ne dit-on pas que cela ne tourne pas rond là-dedans? La rondeur est même signe de santé, de bien-être. Il y a une douceur de vivre dans les courbes, elles n'ont pas cet aspect sévère des autres figures géométriques, avec leur allure froide et rébarbative, comme une défense d'entrer, un interdit de séjour, une limite à ne pas franchir; elles n'ont pas de fantaisie, de surprise, ne reflètent que ce qui est très correct et à côté de quoi on ne doit pas passer.

Un jour, j'emprunterai l'autoroute mais uniquement pour piquer vers les petites routes qui mènent je ne sais où, là où je ne suis jamais allée. Comme dans la vie.

Comme la fraise
a goût de fraise

S i nous pouvions voir et aimer chaque jour qui se lève comme le premier matin du monde, comme l'aube toute fraîche d'une vie neuve sans cesse redonnée, merveille de vivre toujours renouvelée. Mais il est des matins où le cœur n'y est pas: ennuis, chagrin, fatigue, solitude, maladie, la vie pèse lourd, nous ne distinguons plus la lumière de l'obscurité.

Un auteur, citant Alain*, laisse entendre ceci: «Comme la fraise a goût de fraise, ainsi la vie a goût de bonheur.» En effet, tout ce qui est beau à voir, à entendre, bon à goûter, à toucher, c'est du bonheur. La vie en soi est bonne. Mais si bonne soit-elle, elle est quand même une boisson douce-amère et, selon les jours, l'une ou l'autre saveur l'emporte. La vie est ainsi faite que nous avons tantôt à vivre le bonheur, tantôt à surmonter des difficultés et des peines de toutes sortes. Je ne veux pas dire qu'elles sont nécessaires, seulement qu'elles font partie de la vie. Elles sont aussi la vie. Mais du moins, pouvons-nous tirer quelque bien de ces expériences, les traverser et non uniquement les subir.

Si nous avons besoin de raisons de vivre, nous n'avons pas besoin de motifs pour être heureux.

Certains d'entre nous ont une disposition naturelle au bonheur tandis que d'autres cherchent longtemps leur place au soleil. N'arrive-t-il pas à chacun de nous de se lever, un bon matin, avec tant de soleil au cœur que la vie et le monde semblent nous appartenir, qu'aucun obstacle ne saurait nous rebuter? Le matin est tout jeune encore, c'est le plaisir seul d'être en vie qui éclate en mille étincelles.

Voici un exemple de bonheur qui se situe dans de hautes sphères cette fois. Un père de famille raconte la maladie qui lui a ravi sa petite fille de quatre ans et avoue que l'année vécue auprès de son enfant malade a été la plus belle de sa vie. Difficile bonheur qui lui a demandé l'oubli de sa propre douleur pour donner à son enfant toutes les joies qu'elle pouvait encore savourer, sachant qu'elles seraient les dernières. Un bonheur à saveur amère, gagné de haute lutte, au prix des espoirs et des projets bien humains de ce père, au prix de la vie sacrifiée.

Le bonheur a la saveur que nous lui donnons. Nous y mettons ce que nous possédons déjà et l'élargissons à la mesure de notre ardeur à vouloir être heureux. Ferions-nous le tour de la terre à sa recherche que nous ne le trouverions qu'à la condition de le posséder en germe, c'est-à-dire en désir et en volonté. En aptitude surtout.

Le monde a bien besoin de gens qui savent être heureux de tout et de rien, en dépit de tout – car souffrir n'est pas fatalement être malheureux – et qui savourent et boivent la vie avec avidité. Ces gens n'ont peut-être pas l'impression, comme les êtres de pouvoir et d'argent, de bâtir le monde. Ils ne savent probablement pas qu'ils le redressent plutôt, qu'ils rendent la vie plus légère autour d'eux. Pour ceux-là, la vie a goût de bonheur, comme la fraise…

Comment dire autrement

Le monde est écrasé de bruit. Le monde est submergé de «faux bruits» qui lui masquent le silence. Le monde souffre de ce brouhaha. Non pas seulement parce que la vie moderne a inventé des sons discordants qui blessent nos sens, mais par ces parasites qui nous coupent de la vraie vie et des autres. Le silence naît dans la liberté intérieure et tout ce qui lui barre la route est issu du refus, sous toutes ses formes: refus de se voir tel que l'on est, d'accepter l'autre avec ses différences, de comprendre, de faire confiance, d'aimer.

Silences pleins ou vides, imposés ou choisis, lourds ou légers, ils n'ont pas tous le même sens et peuvent faire mal ou guérir. Le monde a soif d'un silence qui fait vivre et ne le sait pas. Car tout ce qu'il y a de beau et de bon prend naissance dans le silence. Il est la respiration de l'âme, le rythme de la parole qui, sans lui, ne serait que confusion et verbiage. Dans l'écriture, il suggère ce qui ne peut s'exprimer par des mots. Bref, c'est le rythme de la vie qui est aussi celui du cœur, car plus rien n'existe sans lui. Il est nécessité, nourriture, contact avec soi et avec les autres, avec le monde qui nous entoure.

Indispensable à toute réflexion, il permet aussi de refaire nos forces physiques et morales, de laisser de l'espace pour que vivent la pensée, l'émotion, l'imagination. C'est le souffle nécessaire à la création. Rares doivent être les chefs-d'œuvre nés dans l'agitation et le désordre. Le silence nous creuse tout en nous allégeant. Il nous porte et nous fait découvrir des régions inexplorées jusque-là, comme le vent porte l'oiseau et lui fait franchir des distances inimaginables pour un être apparemment faible. En nous libérant des sollicitations extérieures, le silence nous rend présents à nous-mêmes. C'est dans le silence que l'inspiration peut surgir, que les projets s'élaborent pour devenir réalité.

Le silence n'est pas absence totale de bruit – la nature en est un exemple vivant – mais bien disponibilité à l'écoute. On peut baigner dans une atmosphère ouatée, et rester prisonnier de soi, ne bénéficier en rien de cette paix. Il demande d'abord à être accueilli et qu'on lui fasse de la place.

Le silence fait du bien au corps et à l'âme, au cœur et à l'esprit. C'est l'ouverture à tout ce qui a du sens. La plus belle qualité de silence est peut-être ce qui suit une parole, une lecture ou une musique qui nous a atteints et qui vient de se taire. Dans ces moments où nous ne voudrions pas bouger ni parler pour que vive longuement l'émotion.

«Patience, patience, chaque atome de silence est la chance d'un fruit mûr», a dit un penseur. Ne rien dire n'est pas toujours négatif, c'est parler autrement.

Donner une chance à la vie

Quelques mots tirés d'un ouvrage de Christiane Singer*, *Du bon usage des crises*, m'ont tout de suite accrochée: «[...] devenir vivant nécessite notre accord». Ces quelques mots ouvrent la voie à une réflexion sur la liberté et la volonté, il me semble. De fait, rien ne s'accomplit en ce sens, sans notre consentement, sans que nous y mettions tout notre cœur.

Un jour, sans avoir été consultés, nous avons reçu la vie; mais comme pour réparer cet accroc fait à la liberté, on mettait entre nos mains malhabiles ce bien inestimable qu'est la vie. Créés inachevés, nous avions le pouvoir de nous construire, de nous parachever, de vivre notre vie ou de la subir. Bien entendu, il nous fallait faire cet apprentissage difficile en même temps que tant d'autres.

Mais arrêtons-nous à cette liberté qui nous est donnée et que nous avons le choix de faire fructifier ou d'enfouir pour ne pas la perdre. Merveilleux privilège qui est le signe et le sceau de notre dignité d'êtres humains. L'animal ne la réclame pas, son destin est enfermé dans des cadres qu'il ne peut outrepasser, ne désirant que la satisfaction de ses besoins.

C'est grâce à la liberté que nous pouvons acquiescer à la vie ou la refuser, elle qui dépend en grande partie de nos décisions: c'est là un grand honneur et une sérieuse responsabilité. Certaines influences pèsent sur nos décisions mais nous restons libres de nous en dégager au fur et à mesure que s'éclaire notre conscience, que s'affirme notre volonté et que nous savons chasser la peur et peut-être, surtout, la peur de vivre.

Aussi, nous ne saurions accepter, sans nous sentir manipulés et diminués, qu'un chemin soit tracé d'avance pour nous, que nous soyons soumis à un destin inexorable. Pour devenir vivants, autrement dit pour dégager de nous l'être que nous avons la possibilité de devenir, nous avons besoin de notre liberté. Elle seule nous permet de faire des choix, de vivre notre vie.

Pour devenir de plus en plus vivants, il faut sortir de soi et oser avancer sur des routes plus difficiles. Non pas pour se lancer des défis en recherchant la difficulté mais pour la «dépasser en la traversant». Christiane Singer ajoute: «Ce n'est pas la réalisation de nos souhaits et de nos attentes qui nous rend vivants – c'est, au-delà de la joie et de la détresse qui nous rencontrent, notre capacité à louer.» Nous sommes comme morts si le regret de ce qui a ou n'a pas été est notre seul horizon. Nos expériences, heureuses et malheureuses, ont fait de nous ce que nous sommes et nous rendent uniques.

Toujours dans *Du bon usage des crises,* on trouve le proverbe suivant: «Il n'y a pas de petites portes, il n'y a que des petits frappeurs.» Nous frappons bien timidement à la grande porte de la vie parce que nous n'y croyons pas assez. Il faudrait plutôt lui faire violence.

Donner une chance à la vie de fleurir sur nos ruines, lui être reconnaissants pour tout le beau et le bon qu'elle nous apporte malgré tout, c'est peut-être cela lui donner notre accord.

Des mots qui mettent au monde

Pendant quelques semaines de «retraite», j'ai voulu faire provision de repos, de silence. De mots aussi pour dire ce silence. Car si celui-ci est vivant, il a besoin de parler, de se projeter au dehors. Il doit être habité par une parole, sinon il serait silence noir, silence de mort. Chacun de nous a pu faire l'expérience, à un moment donné, de ces silences lourds qui écrasent et étouffent. Le vrai silence porteur de vie est clair et sa parole, libératrice parce que vraie.

La question n'est pas de savoir si ma provision de repos et de silence a été abondante ou non, mais de juger ce qu'elle a produit. Nous espérons toujours une bonne récolte de nos vacances; cependant, ses fruits ne sont pas toujours ceux que nous attendions. Nous nous promettons de faire ou de ne pas faire ceci ou cela: mais la vie, pleine d'imprévus, apparemment capricieuse, nous propose souvent tout autre chose. Le plus étonnant, c'est qu'elle finit toujours par avoir raison, non pas de nous, mais en accord avec nous si nous la voyons comme une amie véritable quoique exigeante.

Je n'ai pas voyagé, sauf pour aller assister à quelques beaux concerts dans les alentours. Je me suis plutôt offert une randonnée à l'intérieur de moi-même: scène où tout se joue, où se font les découvertes les plus étonnantes, où nous attendent les surprises les plus agréables comme les plus déconcertantes, où se défont aussi les nœuds. Bref, là où nous nous retrouvons tels qu'en nous-mêmes enfin. Quand nous cessons de courir après notre ombre, nous sommes confrontés à notre véritable visage.

Si j'aime tant le silence, c'est justement parce qu'il est révélateur de vérité, de vie. Christiane Singer, évoquant le rôle des mères, leur amour souvent silencieux, nous offre un bijou de pensée: «Elles disent des mots qui mettent au monde.» J'aimerais la paraphraser en ajoutant: «Le silence dit des mots qui mettent au monde.» En effet, c'est uniquement dans un certain silence que peut se faire cette rentrée en soi. Silence de nos pensées qui tournent en rond, apaisement du tumulte de nos inquiétudes qui masquent peut-être le bruit de la ville mais peuvent nous faire perdre la clé de notre propre maison et nous égarer.

S'arrêter, s'asseoir et regarder. Écouter le «bruissement» de la vie, qui rassure sans déchirer la paix qu'il accompagne. Tout comme le piano ne vient pas étouffer le chant des cordes ou de la voix , mais le met plutôt en valeur en en faisant ressortir toute la beauté, la richesse mélodique et l'émotion.

Le silence est l'expérience de la profonde solitude de tout être humain, non celle de l'isolement ou de la séparation qui est une coupure, un abandon. Il est l'occasion de goûter la vie dans son jaillissement le plus pur, le plus naturel.

Du plus simple
à l'essentiel

Il faut souvent partir de petits riens, de banalités, pour aller à l'essentiel. Par exemple, on n'entre pas en communication avec une autre personne en lui posant, à brûle-pourpoint, des questions qui toucheraient sa vie privée, ou qui auraient trait au sens de sa vie. Ce serait pour le moins très délicat. On s'enquiert d'abord de ce qu'elle devient, de sa santé, on tente de l'apprivoiser avec des lieux communs.

Si, à la suite de ces préliminaires, notre interlocuteur sent un intérêt marqué pour sa personne, il peut alors nous faire confiance et accepter plus facilement de pousser la conversation. Ce n'est qu'une fois cette brèche ouverte qu'il est possible d'écailler le mince vernis des apparences et des «défense d'entrer, terrain privé» pour établir une relation plus profonde.

Saint François, avec son âme toute simple, avait sans doute pressenti cette façon d'éveiller la confiance, non seulement avec les gens mais avec toute la création quand il disait: «ma sœur l'eau», «mon frère le vent» ou quand il parlait aux loups et aux oiseaux pour les amadouer. Une telle conduite, venant d'un adulte, devait paraître puérile. Pourtant, il se montrait très proche et fraternel, donnant à chaque créature, humble ou jugée supérieure, la même attention. Il agissait de même avec ses semblables, leur parlant de façon à rejoindre leur cœur par le biais de petites choses, non pas par de grandes idées. Surtout, il agissait ainsi parce qu'il avait un cœur aimant.

Partir du plus bas pour aller au plus haut, s'attarder aux choses simples pour découvrir la richesse qu'elles recèlent, c'est un art de vivre en somme. Le comportement des animaux, des oiseaux, est souvent plus rempli d'enseignements et de leçons de vie que le livre le plus savant. Il est si facile de se gargariser de belles paroles, mais qui restent creuses et ne comblent ni la faim des autres ni la nôtre.

On initie l'enfant au monde qui l'entoure avant d'aborder avec lui les problèmes de l'existence. Il faut préparer le sol de son âme, l'enrichir, lui apprendre à s'émerveiller – à moins que ce ne soit lui qui nous le réapprenne – pour qu'il soit en mesure de faire face aux difficultés de la vie, du commerce avec autrui. Parler à l'enfant le langage du cœur d'abord, le seul qu'il connaisse et puisse comprendre.

Christian Bobin*, avec son *Très-Bas*, m'a donné un cadeau précieux. J'y vois un lien avec ce qui précède quand il dit: «Je ne vous demande pas d'être parfaits. Je vous demande d'être aimants, ce qui n'est pas la même chose, c'est si peu la même chose que c'en est tout le contraire.»

J'ai compris que lorsqu'on parle avec les mots du cœur, nous pouvons espérer être entendus parce que c'est un langage vrai. Tandis que les mots de la perfection, qui sont des mots de la tête, sont froids et sans âme, parlent plus d'orgueil que d'humilité, plus d'exigence que de bienveillance.

Non pas parfaits, mais aimants: des mots à inscrire tous les jours dans mon quotidien.

D'une étape à l'autre

Dans un livre lu ces derniers jours, *La Traversée*, Philippe Labro* raconte sa propre expérience d'un séjour aux portes de la mort, à la suite d'une très grave maladie, puis de la transformation de tout son être qui suivit sa guérison.

Un récit poignant où nous pouvons voir cet homme traqué par la douleur et une terrible angoisse, osciller entre le désir de ne plus lutter et de se laisser aller et celui, vainqueur, de vivre. La mort, pourtant imminente, recule devant sa volonté farouche et son désir de vivre.

Une histoire d'autant plus émouvante qu'elle a été vécue, saine parce qu'elle déborde d'une sérénité et d'une joie de vivre jamais connues auparavant et bouleversante parce qu'elle nous rappelle une réalité que nous ne pouvons escamoter, celle du bout du chemin pour tout le monde et du questionnement qu'elle soulève.

Une fois cette lecture terminée et passés les premiers moments d'émotion intense, je me suis dit qu'au fond toute la vie est une traversée. Pas nécessairement aussi houleuse que celle vécue par Philippe Labro mais jamais exempte d'heures difficiles où nous hésitons entre le découragement, la démission et l'espoir.

À moins que la vie ne soit fauchée avant l'heure, nous avons tous à passer à travers les étapes normales allant de l'enfance à l'âge mûr. Ces traversées ne se font pas toujours sans souffrances ou sans ennuis: mauvais temps et brume qui nous cachent l'horizon et nous font perdre notre route, brisures, séparations, deuils et peurs qui nous assaillent devant l'inconnu, lames de fond où nous risquons d'être anéantis, tout y passe.

Malgré tout cela, nous nous croyons immortels, invincibles et poussons notre machine jusqu'à ce qu'elle crie grâce, jusqu'à la crise qui nous alerte et nous ramène à notre vulnérabilité, nos limites et nous interroge.

Ce besoin de vivre à toute vapeur n'est pas toujours signe de fuite ou d'évasion; il peut aussi manifester l'amour de la vie, le goût de l'action où nous avons le sentiment de nous dépasser, une quête d'un plus à laquelle une vie trop rangée ne saurait répondre. Les crises peuvent nous écraser ou nous faire découvrir une tout autre dimension de la vie, selon que nous les aurons acceptées ou mal vécues. Mais toujours, elles nous rappellent à l'ordre.

La souffrance est partout, elle entre, toujours imprévisible, dans chacune de nos vies, c'est une traversée inévitable. Mais au-delà de ces zones d'obscurité, la joie et l'espoir existent et c'est à l'une et l'autre que, pour ma part, je voudrais faire plus de place.

Fantaisies sur l'inutilité

C'est fatigant à la longue de toujours être utile. De se faire imposer d'être utile. Par qui, par quoi? On ne sait trop; peut-être par soi d'abord, par une conscience déjà culpabilisée au départ, et par la société ensuite. Servir, donner sans cesse, travailler sans l'amour de sa tâche, tout simplement parce qu'il faut gagner sa vie, cela use.

Quel délice, au contraire, de se sentir à l'occasion, parfaitement libre et inutile, ne fût-ce que pour quelques moments, d'avoir enfin une page vierge à l'agenda. Y a-t-il quelqu'un au monde qui ne rêve de ces instants supposément perdus, où l'esprit flotte dans une sorte de brume délicieuse et rafraîchissante? Quand il n'y a rien d'autre à faire que de laisser son regard errer dans le décor, aux alentours, de s'abandonner au charme de la dérive des pensées, d'être, dénoué et immobile, comme cet arbre face à ma fenêtre dont nulle brise n'agite les feuilles. Baigner dans cette sérénité, dans ce silence, s'en envelopper quasi voluptueusement: c'est une sorte de nirvana.

Il sera bien temps, demain, de reprendre occupations et préoccupations, de répondre aux exigences de la vie quotidienne et à tout ce que je m'impose de surcroît. Ce sera l'heure des «il faut que», des «je dois», des «pourquoi ai-je accepté cela?» Mais ce sera aussi le temps de revenir à ce que j'aime et que j'accomplis en y mettant le meilleur de moi-même. Oui, demain je serai à nouveau reprise par la nécessité d'être utile. Mais cette fois, je serai ressourcée par quelques instants de paresse.

Pour le moment, laissez-moi à ma parfaite inutilité. J'y suis bien. C'est l'heure du souper et j'oublie mon assiette déjà servie. Ce qui se propose à moi en ce moment est trop important pour le laisser passer. Je ne saurais définir en quoi il consiste; il n'en demeure pas moins que je me retrouve légère, en accord avec ce qui m'entoure et qui ignore pression et rythme effréné. Je me sens renouvelée, rajeunie, délivrée. C'est cela aussi la vie, cette alternance d'activité et de repos.

En même temps, je me dis que nous, les humains, malgré nos gros défauts, nous faisons preuve de beaucoup de ténacité et de courage. Rien que de se lever chaque jour pour accomplir, à horaire fixe, un travail trop souvent monotone, où la fantaisie et l'imagination sont absentes, le talent rarement reconnu et utilisé. Où, pour beaucoup d'entre nous, il n'est demandé que d'être efficaces et de répéter des gestes devenus abrutissants.

C'est aussi important de flâner un peu que de travailler. Sans culpabilité, tout simplement parce que c'est bon et peut-être aussi pour ressembler un peu à Dieu qui ne fait rien de ses dix doigts – en supposant qu'il en ait – si ce n'est aimer.

D'avoir parlé de flânerie, vous me voyez toute reposée et détendue. Allez! N'oubliez pas non plus de vous accorder quelques moments de douce paresse aujourd'hui.

Faut-il refuser la colère?

F aut-il dire non à la colère? Est-elle toujours si mauvaise conseillère? Bien sûr, il y a colère et colère; aussi faut-il s'entendre sur sa nature. Il est normal de vouloir se libérer d'un déferlement d'émotions dans une situation où nous nous sentons attaqués ou atteints d'une quelconque façon. D'autant plus que cette tempête intérieure est souvent amplifiée du fait que la blessure faite en rappelle d'autres, semblables, vécues dans le passé. Ce mouvement n'a rien à voir avec la violence. Par ailleurs, tout est sujet de colère pour le violent; il s'emporte pour des peccadilles et il est prêt à tout casser sur son passage.

Revenons à la colère. Alain* dit d'elle: «[...] après la peur qui se tait, c'est la peur qui parle.» C'est l'extériorisation, non préméditée et plus ou moins impétueuse, d'un trop-plein d'émotions qui suit une injustice ou une injure grave, une malhonnêteté ou quoi que ce soit qui blesse. Elle est faite de chagrin, d'un sentiment d'impuissance, de révolte ou de peur, mais peut être tout cela à la fois. Elle remonte parfois très loin dans le passé, consécutive à un long silence douloureux auquel on a été astreint et qu'on n'avait pas la force ou le droit de briser. Se mettre en colère, c'est oser dire enfin ce qu'on a toujours dû taire,

même si on tremble, même si on craint les conséquences ou les réactions des autres. C'est libérer son
âme par la parole.

La colère rentrée, niée ou réprimée peut avoir des
conséquences néfastes sur la santé, autant physique
que psychologique. Elle conduit à la violence ou
engendre un état d'agressivité constante, provoquant
des réactions sans commune mesure avec l'événement en cause. La culpabilité aussi joue un grand rôle
dans la colère rentrée et fausse les rapports avec les
autres. Par le passé, manifester son mécontentement
n'était pas chose permise aux enfants, c'était
manquer à la politesse et au respect de l'autorité. Il en
est souvent résulté un profond sentiment de frustra-
tion et une grande vulnérabilité pour bon nombre
d'entre nous devant certaines situations. Exprimer sa
colère à quelqu'un qui nous a blessé n'est pas
manquer de charité ni de grandeur d'âme. C'est dire
le besoin de nous sentir mieux et aussi de clarifier
l'atmosphère. Sans compter que c'est une question
d'honnêteté de s'expliquer au lieu de maintenir un
silence accusateur. Le pardon n'est pas du refoule-
ment et cette phase de révolte est indispensable pour
y arriver. Le pardon doit être lucide et jaillir quand
toute colère a disparu, jamais avant, sous peine de la
voir resurgir sous une autre forme. Tout compte fait,
c'est aussi un acte de courage.

La colère saine libère de l'énergie et conduit à
l'action. Qui sait? Agir n'est peut-être que de la colère
transformée. Aussi, il ne s'agit pas d'en faire du

théâtre et de nous laisser aller à toutes nos impulsions. Notre philosophe dit encore: «On apprend à se mettre en colère et à conduire sa colère comme on apprend à faire n'importe quoi.» Au fond, elle est moins celle qui éclate que celle qui nous fait refuser d'être victime, celle qui brise le silence dévastateur et nous fait reconstruire ce qui a pu être détruit.

Sauf en ce qui concerne les saints (et encore!), la colère est une étape sur le chemin qui mène au pardon et à la sérénité. Le pardon à soi d'abord, parce qu'on s'en veut toujours de n'avoir pas su se défendre, et le pardon à l'autre pour nous avoir fait du mal. Tout malheur est une perte et toute perte se vit et se traite comme on vit et soigne un deuil: sans escamoter un seul des degrés qui en jalonnent la route, en laissant le temps faire son œuvre.

Il n'est jamais trop tard

Le printemps, tardif comme jamais il ne l'a été, s'est enfin installé. Il l'a fait avec une telle assurance, a déployé tant de charme pour se faire pardonner son retard qu'on en oublie les gaffes dont la nature s'est rendue coupable depuis plusieurs mois.

Le temps apparemment perdu est pour ainsi dire rattrapé: les feuilles, encore en bourgeons il y a peu, ont atteint leur taille en quelques jours, les arbres malmenés par le verglas n'en fleurissent pas moins avec courage, en rose, en blanc; les vivaces ont laissé tomber leurs vieilles carapaces et ont fait éclater des tiges toutes fraîches. Bientôt, ce sera le temps des lilas. C'est un spectacle à voir, une telle joie à goûter qu'elle se lit sur tous les visages.

«Ne voyez-vous donc pas que tout ce qui arrive est toujours un commencement?» dit Rilke* à son jeune poète. J'aime croire que ce bel aujourd'hui est aussi un début, que la vie et le monde en sont aussi à leur commencement et iront ainsi, de jour en jour, à leur plein épanouissement. Tous les espoirs sont permis, comme pour tout ce qui est neuf. La vie ne s'use pas, c'est nous qui la laissons s'user en nous.

Oui, tout est neuf puisque rien n'est jamais tout à fait pareil à hier et que chaque jour est un nouveau départ. Je regarde autour de mon jardin: tout pousse, prend d'autres dimensions, s'étoffe et semble avoir des idées de grandeur. Le ciel lui-même change, prend des tonalités de bleu plus clair ou plus intense selon que les nuages, légers, s'y promènent ou le quittent. À l'approche du crépuscule, la nature semble s'absorber dans une rêverie très douce à laquelle la mienne se joint. Dans ce silence respectueux, une voix, comme un murmure, comme un chant d'allégresse se fait entendre.

Le jour, tout à l'heure, ira rejoindre la nuit. La contemplation de ce monde pourtant restreint qui est sous mes yeux me dit, à sa façon, le mystère, la splendeur du grand univers. Il en est une reproduction miniature. Je retrouve une connivence qui m'est chère et nécessaire, le connu me visite. Au cœur même de ce qui m'apparaît être plein de sens, un je-ne-sais-quoi s'est glissé, quelque chose de neuf que je ne saurais nommer. Un surplus de sens peut-être?

La vie est une œuvre d'art, avec ses taches d'ombre, ses traînées de lumière, ses coins secrets qui ne se révèlent qu'avec le temps, la lenteur du temps. Chaque jour qui se lève en dévoile une part. La vie commence aujourd'hui, je ne voudrais jamais l'oublier et, dans ces moments suspendus entre ciel et terre, le bonheur, simple, doux et tranquille, s'attarde délicieusement.

Infidélité ou croissance

Nous ne pouvons jurer de rien. Ce qui, pour vous, pour moi, est aujourd'hui priorité, intérêt ou passion le sera-t-il encore demain, aura-t-il le même poids, le même prix à nos yeux? Peut-être serons-nous requis par un autre amour qui nous paraîtra plus vrai, plus conforme à ce que nous sommes à ce moment précis et répondra mieux à un besoin d'élargir notre univers.

Les métamorphoses qui ne manquent pas de s'opérer en nous au cours du voyage de la vie, imperceptibles à court terme autant pour soi que pour les autres, nous feront nous lever un bon matin, avec le sentiment soudain d'être différents d'hier et ayant au cœur un autre émerveillement, une autre soif. La vie n'est pas statique, l'être humain pas davantage.

Faut-il voir là infidélité, manque de stabilité? Oui, si nous sommes constamment passés d'un intérêt à un autre, sans jamais faire plus que tourner autour en l'effleurant, sans chercher à le pénétrer, à en tirer tout le maximum du suc qu'il contient. Nous avons à compter avec ce mouvement qu'est la vie et qui, à l'image du serpent, nous défait de nos vieilles peaux et dégage peu à peu celui qui, tapi au fond de nous, attend de voir le jour.

La maturité est l'étape où nous tendons à simplifier notre vie, à nous dégager de l'inutile, de ce qui est vain. Ce n'est plus l'esprit de conquêtes extérieures qui nous anime mais un besoin d'intériorisation, une nécessité d'aller chercher la vie là où elle niche humblement. Prenons rendez-vous avec nous-même pour apprivoiser une solitude nouvelle, ceux que nous aimons nous quittant pour répondre eux aussi aux appels qui leur sont faits.

Notre bonheur tient désormais dans des détails apparemment anodins, dans des rencontres, dans des lectures éclairantes, dans des gestes vrais et chaleureux qui prennent figure d'événements importants. Notre route bifurque alors et nous pousse vers d'autres rivages correspondant mieux à cet être neuf qui émerge de nous et avec lequel nous apprenons à faire connaissance.

La fidélité aux autres passe d'abord par la fidélité à soi. Immuable, elle se confondrait avec de la rigidité et à un refus d'avancer. Ces changements de direction ne constituent pas un rejet de ceux qui sont passés sur notre chemin ou de ce que nous avons vécu, mais plutôt une vision renouvelée du monde, des autres et de soi, une nouvelle présence au monde. Si nous avons vu des signes en eux, les événements du passé sont inscrits dans notre histoire personnelle comme autant de jalons, de tremplins qui nous ont fait aboutir à la maturité; une certaine sagesse, du moins un besoin de nous unifier, se fait sentir.

Vouloir retrancher ou nier la plus petite part de nos expériences douloureuses et des échecs rencontrés sous prétexte qu'ils nous ont fait trop souffrir nous priverait de richesses inouïes. «Il n'est pas bon d'être malheureux mais il ne serait pas bon de ne pas l'avoir été», a dit un moraliste.

À travers les difficultés qui nous ont façonné une âme bien à nous, nos yeux s'ouvrent et nos perceptions changent. Chacun connaît, au cours de sa vie, de ces moments de noirceur où il ne comprend plus ce qui lui arrive. Mais vient un jour où les réponses émergent doucement des questions qui nous taraudaient. Ce que nous avons acquis, dans ce sens, personne ne peut nous le ravir. Nous pouvons continuer de nous construire en toute sérénité.

La part la plus vraie

C'est ce qui nous manque qui est la part la plus vraie en nous. Nos rêves, nos espoirs nous définissent mieux que nos paroles. Tous nos pauvres efforts pour paraître autres que ce que nous sommes en réalité disent sur quel plan nous vivons et désirons vivre. Que nous placions nos aspirations plus haut que nous en cherchant à les atteindre ou que nous les maintenions au ras du sol en nous confinant dans la médiocrité, c'est là le portrait que chacun trace de lui-même.

Cependant, un jour ou l'autre, nous devons constater que nous sommes tous à hauteur d'homme avec tout ce que cela comporte, de force et de faiblesse, de grandeur et de petitesse, de clairvoyance et de bêtise, de générosité et d'égoïsme, de bonté et de méchanceté, à des degrés divers, selon l'émotion du moment qui parfois nous surprend à réagir d'une manière inattendue et déconcertante.

Ces pôles s'opposent et se heurtent en nous et c'est la conscience que nous avons de ce combat qui détermine l'altitude où nous nous tenons. Le manque peut nous rendre humbles et conscients que nous sommes capables du meilleur comme du pire ou nous porter à rechercher le pouvoir, quel qu'il soit, à rabaisser les autres pour donner une meilleure image de nous. Car nos manques, si nous ne les avons pas reconnus et ressentis, nous aveuglent sur nos propres émotions et réactions.

Aussi, ce n'est pas si évident que la bonté, l'honnêteté, la droiture attirent une réponse dans le même sens. Ces attitudes dérangent, choquent parfois et vont même jusqu'à pousser certains à humilier les autres, à les dénoncer injustement pour se justifier de n'être que ce qu'ils sont. Ce n'est pas assuré, non plus, que la bonté soit une disposition naturelle: ne met-on pas un tuteur à un arbre en croissance, sinon il pousserait mal parce qu'il est trop faible pour se tenir droit tout seul?

Il en est de même pour nous: ce qui nous est naturel, c'est la facilité, parce que nous sommes faibles et vulnérables. Bonté, pardon, générosité, il nous faut tout apprendre. Il est des mouvements de l'âme qui ne viennent pas toujours spontanément: quand on est blessés, par exemple, par une parole ou par un geste, la première réaction serait plutôt la riposte, voire la vengeance, sauf si un grand bout de chemin a été parcouru dans la connaissance du cœur humain et nous a rendus plus compréhensifs, plus bienveillants. Malheureusement, certains n'auront connu que la violence, que des cœurs fermés et ils répéteront le même scénario.

Je crois que refuser de se leurrer sur ce que nous sommes est le premier pas à faire vers la vérité et la liberté. Parce que la vérité rend libre.

La patience des petits pas

J'aime parfois voir la vie se dérouler lentement, paresseusement, les journées se faire longues, s'étirer presque à la frontière de l'ennui. Cela me repose de l'entassement des activités qui rendent fébriles et distraient de l'essentiel, obstruent la vue et l'entendement en anesthésiant notre sensibilité aux choses simples et proches de nous.

J'ai besoin de fermer ma porte à l'agitation, de laisser mon regard errer sur le paysage restreint et familier découpé par le rectangle de lumière de ma fenêtre, sorte d'itinéraire qui débouche sur l'autre paysage, celui du dedans, du cœur et de l'âme.

Au-dehors, le vent rageur agite méchamment les branches maigres des arbres, déjà si éprouvés par le verglas de janvier et soulève de longues traînées de fumée blanche au ras de nos montagnes de neige, devenues un véritable cauchemar.

J'appelle de tous mes vœux le printemps, j'ai hâte de voir le soleil, la verdure si fraîche, j'ai hâte de voir les oiseaux, les fleurs, et de remiser et oublier bottes et manteaux. J'ai hâte pour tout ce qui n'est pas ce blanc-gris du ciel et du sol confondus. J'attends même avec impatience le merle qui écourte mes nuits, son chant liquide qu'il sifflera, infatigable, perché sur le toit d'une maison voisine pour défendre son territoire.

J'ai besoin aussi de dépasser ce qui s'offre à mes yeux pour aller me creuser une retraite en moi, de créer un lieu de silence pour «entendre le bruit que la vie fait en passant, pour me rejoindre enfin…» (Marie Noël*) Me construire une sorte de refuge où aller puiser l'énergie nécessaire pour vivre la vie du dehors, avec ses joies et ses contraintes, ses enthousiasmes et ses soucis, de la même manière que je me retire dans ma chambre, le soir, pour dormir afin de reprendre le courant de ma vie le lendemain, corps et esprit reposés.

Une fois revigorée par cette rentrée en moi, j'aurai de nouveau besoin des autres, de retrouver le rythme des heures, le mouvement qu'elles impriment aux choses vivantes, celles qui pétrissent notre pain quotidien. Je sais que je serai de nouveau tentée de briser ce rythme, d'accélérer le mouvement, de faire de grandes enjambées pour rejoindre le bout de moi-même.

Je sais aussi qu'il y a des limites à ne pas franchir, que la vie n'aime pas être violentée et qu'elle ne livre son mystère qu'à la condition que je refasse mes haltes intérieures, là où elle m'apprend la patience des petits pas.

La vie réintégrée

À l'origine de tout changement à l'intérieur de chacun de nous, il y a toujours quelqu'un. Vous connaissez sans doute une ou des personnes qui n'ont eu qu'à apparaître pour que toute votre vie soit changée. Quelqu'un qui a su se dessaisir de soi pour vous regarder vivre. Sa présence si dense, son attention aux autres si vive vous ont séduit. Il n'a pas cherché à s'emparer de votre cœur, il n'a eu qu'à être ce qu'il est, c'est-à-dire, authentique.

Ne vous êtes-vous pas senti meilleur parce qu'un jour, quelqu'un a cru en vous, en vos dons, vous a trouvé beau et bon et a reconnu que vous valiez infiniment plus que vous ne le pensiez? La vie ne vous a-t-elle pas paru alors plus passionnante, moins lourde à porter, la lumière plus belle, le ciel plus bleu, que votre regard s'est affiné et a découvert des beautés qui vous étaient cachées jusque-là? Tout cela ne s'est pas fait en un jour, mais s'est bâti peu à peu, au rythme des expériences vécues et accueillies. Une amitié ou un amour est peut-être né ce jour-là. Avez-vous oublié ce point de départ, ou bien n'avez-vous pas pris conscience de cette réalité qui s'impose à vous aujourd'hui?

Que s'est-il passé? Apparemment, rien. Mais une étoile s'est levée et a éclairé votre ciel. Vous avez

enfin accepté de devenir vous-même: un travail difficile devenu possible à cause de la foi qu'un autre a
mise en vous. Un chemin s'est ouvert devant vous:
rien ni personne ne pourra désormais en bloquer
l'horizon. Vous allez de l'avant malgré les nuages, les
hésitations, les moments de doute.

Vous étiez plutôt timide? Voilà que vous devenez
presque audacieux. D'une timide audace. Vous avez
des élans dont vous ne vous seriez jamais cru
capable. Vous étiez absent de votre vie et vous la réin-
tégrez. Vous viviez abandonné de votre âme et voilà
que vous la récupérez.

Des rêves, tout cela, dira-t-on? Plutôt des miracles
qui se produisent sans doute chaque jour, tout en
douceur, sans que les autres le sachent et qui n'intéressent que ceux qui en bénéficient. Romantisme,
tout cela? Je dirais plutôt réalité qui se vérifie en
vous qui la vivez. La vie n'est pas avare de ses
grâces: elle offre mais ne force pas les portes. Elle
n'est pas rancunière non plus et revient avec d'autres
dons, d'autres joies que vous pouvez toujours
prendre ou refuser. Tout n'est pas fini parce que vous
n'avez pas su reconnaître immédiatement ce qui
vous était offert.

La vie la plus réussie n'est pas toujours celle qui
est considérée comme efficace par la société parce
qu'on y accomplit des tas de choses. C'est celle qui
entre à pleines portes, à pleines fenêtres et qui
devient utile à cause du bonheur qu'elle apporte.
Celle qui peut être joie par-dessus la solitude, la

nostalgie, les amours déçues ou trahies, les amitiés brisées, les deuils de toutes sortes.

Nous vivons avec ce que nous sommes et ne trouvons-nous pas dans la vie ce que nous y avons d'abord déposé?

L'amour
ou l'enfance retrouvée

Il n'y a pas d'amour adulte, mûr et raisonnable. « Il n'y a devant l'amour aucun adulte, que des enfants.» Vous avez raison si vous avez deviné, à voir mon enthousiasme de ces derniers temps pour Christian Bobin*, qu'il s'agit bien de lui encore une fois. C'est bien lui, de lancer comme cela, des phrases lapidaires qui saisissent, font revenir sur les mots comme si nous n'avions pas bien lu. Ou comme si nous doutions d'avoir entendu frapper à notre porte.

Des mots si simples au sein de cette cascade, de ce torrent poétique, qu'ils arborent une fraîcheur toute nouvelle du seul fait d'être accolés l'un à l'autre. Personne n'écrit comme cela, on a le sentiment d'être au premier matin du monde et de découvrir une foule de vérités. «L'amour vient de l'attention», par exemple. Ce n'est pas sorcier mais ça va tellement de soi qu'on se demande pourquoi nous n'y avions pas pensé avant. C'est si vrai qu'il n'est pas utile d'épiloguer là-dessus.

Mais de croire qu'il n'y a pas d'amour adulte, cela demande davantage de réflexion. Pourtant, si un sentiment nous laisse démuni comme un enfant,

61

comme vidé de soi, c'est bien l'amour. Et parce que l'enfant est démuni mais tourné vers l'espoir, vers l'avenir, c'est avec ce cœur retrouvé qu'on aime. C'est avec ce même cœur d'enfant qui aime que le monde nous apparaît comme revenu à ses débuts, tout neuf, lavé de toute laideur, de toute mesquinerie. C'est peut-être ce qui nous fait dire que l'amour est aveugle. Ce qui paraît aveuglement est parfois intuition et foi profondes. Le potentiel de l'autre est réel, c'est lui qui ne veut pas oser répondre à cet appel, à cette foi. Il n'ose pas devenir ce qu'il est vraiment.

S'il est vraiment vécu, tout amour nous laisse vulnérable devant l'autre mais prêt à tous les courages. Devant son enfant malade ou en détresse, la mère n'a plus d'existence propre: il n'y a que cet enfant à soigner, à guérir. «Elle enjambe sa fatigue», pour répondre à chaque appel.

On ne compte pas le nombre de pardons accordés pour les accrocs faits à l'amour. Il n'y aura que la lassitude ou la mauvaise foi de l'un ou de l'autre – ou des deux – pour les amener à rompre ce lien déjà marqué par la fragilité. L'amour, en lui-même, n'a pas de limites, il déborde. Il fait craindre de ne pas aimer et donner assez ou d'être mal aimé, de ne jamais pouvoir parcourir la distance pour l'atteindre.

Un amour sage n'est pas un véritable amour. Il est devenu autre chose, car ce qui le dépeint d'abord, c'est la folie. Dieu n'aime pas autrement. Aimer, c'est retrouver une enfance joyeuse, tendre, confiante et prête à toutes les audaces, à toutes les exagérations. L'amour déchaîne des tempêtes avant de se trouver en eaux calmes.

«Le bonheur d'être triste»

Quelqu'un, récemment, parlait «du bonheur d'être triste», en citant Victor Hugo. De prime abord, ces mots peuvent causer un certain étonnement ou amener une interrogation du fait même de leur apparent paradoxe. Mais en même temps, on sent bien qu'ils contiennent une douceur, une vérité qui nous mènent dans des avenues que nous craignons ou que nous refusons de fréquenter. Jusqu'où vont nous mener nos émotions? Vont-elles nous envahir?

Non, bonheur et douleur, joie et tristesse ne s'opposent pas nécessairement: ils sont la chair même de notre vie. Pour les êtres inquiets et ambivalents que nous sommes, le bonheur recèle souvent une sourde inquiétude: on sait par expérience qu'il est éphémère. La plénitude constante n'est pas de ce monde, même si nous sommes faits pour être heureux. Parce qu'il faut tenir compte de notre condition humaine, dans tout bonheur il y a un manque qui engendre une certaine tristesse ou une quelconque insatisfaction. Par contre, au chagrin vient se mêler une vague douceur qui peut l'alléger: celle du souvenir.

C'est ainsi que lors de certains événements de notre vie surgit, comme en écho, le rappel d'une situation vécue antérieurement, une émotion ou un sentiment éprouvés, que nous avions cru oubliés et que le moment présent nous fait revivre. Un paysage, un tableau, la musique en particulier ont le don de nous restituer une atmosphère, une sensation, de nous attendrir. Quand, par exemple, une voix, toute d'ombre et de lumière, s'élève pour chanter la vie, l'amour, la tendresse ou dire le chagrin, c'est le bonheur d'être triste qui nous est offert. Qui peut dire que son passé est bien mort, qu'il n'a pas laissé sa trace? Ces moments de grâce nous remettent en contact avec nous-même, nous nous souvenons de ce qui s'est incrusté dans notre chair, dans notre âme.

Pour chacun, la nostalgie – c'est le nom que porte cette sorte de bonheur triste – a un visage différent. Peu de mots nous viennent pour l'exprimer: elle se vit. C'est le regret passager de ce qui n'est plus ou qui a été brisé, ou de ce qui n'a jamais été et que nous ressentons comme un manque. Mais quelle qu'elle soit, elle nous confronte à une réalité: notre vulnérabilité.

Le goût du beau

On ne pense pas pour soi tout seul. Pas plus qu'on écrit de la musique ou des livres avec l'intention de garder jalousement pour soi ses découvertes. Car l'art est essentiellement un moyen d'expression et de communication en vue de partager avec les autres ce qui nous habite: sentiments de joie ou de tristesse, de révolte même, émotions que la beauté aura soulevées. C'est également un moyen de susciter chez les autres le goût de cette beauté qu'on ne retrouve pas que dans les arts traditionnels mais qui est répandue partout.

L'artiste travaille seul d'abord pour trouver les couleurs, les sons, les formes ou les mots qui traduiront ce qu'il ressent. Il est heureux de faire ce qu'il aime; il sera doublement comblé quand son œuvre sera comprise et appréciée. En ce sens, l'artiste devient celui «qui accepte d'être le prisonnier ravi d'un vaste réseau humain». (Georges Duhamel*)

Cependant, n'est pas artiste seul celui qui joue d'un instrument, peint des tableaux ou dirige un orchestre. Ceux-ci sont des professionnels au sens strict du mot mais ne sont vraiment artistes que s'ils exercent leur profession avec amour et non seulement pour les gains qu'ils en retirent. Dénicher la beauté là où elle se cache, la créer ou la recomposer, voilà le rôle et l'engagement de l'artiste.

Néanmoins, le cordonnier qui fait son métier avec un réel plaisir, l'artisan qui travaille le bois avec enthousiasme et raffinement sont, chacun à leur façon, des artistes au sens large du mot. Il y a aussi une manière de vivre, de penser, de voir et d'écouter qui s'appelle l'art de vivre. Ceux qui possèdent ce talent créent de l'harmonie autour d'eux. Leur charisme agit comme par magie et à leur contact chaleureux, on se sent liés dans une même communion et chacun redécouvre ses propres richesses.

Si tous les humains avaient le bonheur de reconnaître la beauté ou savaient la découvrir, le monde serait différent, meilleur même. Du moins, il serait plus heureux. Qui, en effet, oserait se montrer mesquin ou méchant en écoutant Mozart? Est-ce naïveté que d'accorder à la beauté un tel pouvoir? Bien sûr, on ne peut écouter de la musique ou contempler des œuvres d'art à longueur de journée; la vie a d'autres exigences, plus prosaïques et parfois même très dures. Mais ces moments de grâce, si on les accueille ou que, tout bonnement, on va à leur rencontre, s'impriment en nous. Le souvenir accomplit alors son travail de transformation.

Le pouvoir de l'imaginaire

À la radio, récemment, on nous fit lecture d'un texte très beau, d'une écriture superbe et de surcroît, fort bien rendu. Captivée dès les premières phrases par l'originalité de la présentation du récit, j'ai vite été saisie par l'émotion qu'il suscitait, me laissant songeuse à la fin. Ce texte n'avait pas que des qualités littéraires: il menait à une réflexion et apportait un éclairage particulier sur les mobiles profonds de nos actes.

Ce récit racontait l'histoire d'un homme qui écrit une lettre à une amie très chère. Il a besoin de confier ce qui, pour lui, désormais, sera un poids très lourd à porter. Une ambiance très forte se dégage de ce texte, amplifiée par le grattement de la plume sur le papier qui donne l'impression que la lettre s'écrit à l'instant même. Une ambiance plus dense, plus réelle encore que l'image qui n'aurait pu avoir la même intensité, elle qui fixe l'émotion plus qu'elle ne la suggère. La voix permet à l'imaginaire de s'emparer des lieux, de construire des décors, de dessiner des traits aux acteurs et en la circonstance, de faire plus mystérieuse, plus suffocante une nuit sans lune peut-être, d'inventer le petit pont où se déroule le drame.

Cet homme, donc, est obsédé par l'idée, ou le rêve, qu'un jour il accomplira une action d'éclat qui donnera un sens à sa vie: sauver la vie de quelqu'un, par exemple. Tous les soirs, il part en promenade nocturne, toujours à l'affût d'un événement où il lui sera donné, enfin, d'être l'acteur de choix qui osera le geste héroïque tant espéré.

De fait, cette occasion lui est fournie ce soir-là. En déambulant dans les rues sombres, il aperçoit soudain sur le parapet d'un pont situé non loin de là, une silhouette qu'il identifie mal et dont l'attitude le met en alerte. Il se rapproche lentement. L'entendant venir, la personne se retourne: c'est une femme dans la cinquantaine environ. Il la trouve laide. Il hésite tant à agir que la femme, dont il sent pourtant le désespoir, se jette dans la rivière sans qu'il ait fait un geste pour la retenir. Pourquoi a-t-il agi ainsi? Il ne sait pas très bien lui-même ce qu'il ressent: le visage peu attrayant de la femme a-t-il joué un rôle dans son manque de décision? Ses raisons nous apparaissent nébuleuses, mais s'éclairent à la lumière de l'analyse qu'il fait de ses sentiments en écrivant à son amie.

Tout ce qui suit dans ce récit a moins d'importance, malgré le tragique de la situation, que le questionnement qu'il soulève. L'homme est désespéré. Le souvenir de ce qu'il considère comme une lâcheté et une mesquinerie incompréhensibles et quasi impardonnables de sa part, le poursuivra toute sa vie, selon toute vraisemblance. Il ne sait pas s'il pourra continuer à vivre avec le sentiment de sa responsabilité.

Sans aller aussi loin que notre héros dans la recherche d'un sens à donner à sa vie, qui ne rêve pas ou n'a pas rêvé de sortir de l'ombre et de l'anonymat ou tout simplement d'un ennui mortel et d'une vie moche que rien ne vient égayer? Chacun veut être reconnu pour ce qu'il est vraiment mais souvent, attend l'événement providentiel qui le mettra au monde pour ainsi dire, lui apportant la chance qui transformera sa vie et lui donnera le bonheur.

Nous ne rêvons pas d'actions d'éclat comme l'homme du récit pour donner un sens à notre vie. Mais ne nous leurrons pas non plus sur les raisons qui guident jusqu'à nos gestes généreux: ils ne sont pas exempts d'intérêt personnel et c'est peut-être bien qu'il en soit ainsi au départ. Nous ne faisons bien que ce que nous aimons et surtout, ce qui nous fait du bien. À défaut de gratuité absolue, nous pouvons au moins offrir avec joie et spontanéité.

L'envers des choses

«Un arbre qui tombe fait plus de bruit que toute une forêt qui pousse», a dit quelqu'un dont j'ai oublié le nom. Le type d'informations qui nous parvient à longueur de journée nous donne le sentiment que justement notre monde n'est fait que d'arbres qui tombent. Le vacarme qu'ils font réussit souvent à nous faire oublier que la forêt continue de pousser et que ce qui nourrit la vie et l'espoir poursuit son œuvre, dans l'ombre et le silence. Car c'est le bruit qui étouffe la vie.

Il ne s'agit pas de fermer les yeux et de se renfermer dans sa coquille pour ne pas être touché ou dérangé par la détresse du monde, mais de rester compatissant sans se laisser envahir et écraser par cette surdose d'informations qui réussit à semer la peur, la panique même. Noyés dans cette mer de nouvelles démoralisantes, nous sommes amenés à la saturation, à une certaine lassitude, à un sentiment d'impuissance totale. Trop, dans ce domaine, c'est comme pas assez.

J'avoue être de ceux qui se demandent parfois ce qui résultera de ce chaos de misères et de guerres dont on nous présente les images avec tant d'insistance. Pourtant, ce n'est qu'une facette de la réalité, si atroce soit-elle; l'autre facette nous en révèle un tout autre aspect qu'il faut voir aussi: des femmes et des hommes s'aiment encore, des enfants désirés naissent, de multiples gestes d'amour et de bonté nous rappellent que la terre tourne toujours dans le même sens.

Chaque jour qui se lève apporte sa part d'espoir. La création, si belle à regarder, continue son inlassable travail et les saisons s'enchaînent. Les arts témoignent d'une soif de quelque chose de plus haut et de plus noble qui a pour nom le dépassement, d'un besoin de beauté qui habite le cœur des humains, beauté à laquelle chacun est invité à participer à sa façon. L'art est d'abord à la porte de nos sens, dans le regard qu'on a pour les êtres et les choses, il nous convie à la fête. Par exemple, il y a des matins qui sont de vrais chefs-d'œuvre et le premier regard jeté à l'extérieur me donne alors l'impression d'un monde lavé. Tout est si net, si lumineux que je me croirais à l'aube du monde. Pour un moment, je ne sais plus que cela et je me sens libérée de tout ce qui m'a accablée la veille...

On aura beau voir des arbres tomber, la vie ne se laissera pas abattre: elle apparaîtra partout et peut-être là où nous l'aurions cru vaincue. L'heure est à la morosité, à la peur du lendemain et c'est compréhensible pour beaucoup d'entre nous. Avec Christiane Singer*, j'oserais dire cependant: «Il faut congédier la peur en nous [...] nous vivons et nous mourons de nos images, pas de la réalité.» Le pouvoir du négatif est très puissant, dit-elle encore en substance, mais la même force se manifeste dans la ferveur.

L'éloge de la légèreté

L a vie et le monde seraient bien ennuyeux si la légèreté ne venait y mettre une note de fantaisie et éclairer un peu la monotonie de nos tâches quotidiennes. Le sérieux est nécessaire à condition de l'assaisonner avec un brin de folie passagère. Elle repose du devoir, favorise l'équilibre et nous dispose à un certain abandon, à un «lâcher prise» devant nos difficultés.

Regardez un enfant agir: il ne se préoccupe guère d'être logique ou sérieux à la manière des adultes. Il s'évade, invente un monde où il est à l'aise et peut exprimer ses joies et ses peines. Il converse avec une poupée ou un ami imaginaire. Il expérimente, il crée. Dans sa fantaisie, il est grave.

Si léger qu'il paraisse, l'enfant est profond. Ses reparties, drôles ou touchantes, nous disent qu'il observe et réfléchit et que son monde est plus près de la poésie et de la vérité que le nôtre. C'est que la légèreté s'oppose à la pesanteur, mais non à la profondeur. Serait-ce un non-sens de croire que, pratiquée volontairement, la légèreté défait les liens et les nœuds tissés trop serrés et qu'elle ouvre l'espace intérieur pour recevoir? Mais peut-être est-ce fantaisie que de penser ainsi?

De plus, il y a de la joie dans la légèreté. Une joie qu'un esprit trop empêtré dans des pensées lourdes ne saurait éprouver. Prenons la nature comme exemple: quel mélange de gravité et de fantaisie, rien n'y est symétrique ou rangé. Elle est follement libre et le spectacle qu'elle nous donne est une œuvre d'art incroyable. Caché sous un apparent désordre, le sens se laisse deviner. Même le cosmos, régi par des lois immuables et rigoureuses, est un lieu de fantaisie: un véritable ballet s'y déroule constamment.

La légèreté, c'est la finesse de l'esprit ou l'humour, le clin d'œil malicieux et le sourire qui font la fête au visage, la pirouette qui rompt l'ordre trop rigide, la petite douceur qu'on se paie et qui voile pour un moment l'ennui ou la pensée obsédante. C'est la clé qui ouvre les prisons où l'on s'enferme soi-même. Un amour où ne se glisserait aucune fantaisie serait un amour replié sur soi, triste et sans avenir.

Apparemment futile et si nécessaire légèreté. Quand on s'y abandonne, elle nous remet à l'heure juste. Elle peut alors se retirer sur la pointe des pieds: elle a fait son devoir, son tour de piste.

L'heure perdue et retrouvée

On vient de nous changer l'heure. Pendant six mois, on devancera le temps. Comme s'il ne passait pas assez vite, voilà qu'on le pousse à franchir d'un bond ce tour de cadran. Et moi, chaque fois, je me demande si je dois reculer ou avancer les aiguilles, si j'aurai une heure en moins ou en plus. Toujours est-il qu'elle me manque cette heure qu'on nous enlève chaque année et pendant un bon moment, je tente, tout essoufflée, de la rattraper. Peine perdue, elle garde ses distances et moi, au contraire, je traîne derrière elle en marchant sur ses traces.

Puis, au moment où enfin je m'habitue aux heures de sommeil et de repas perturbées, subito, on nous la rend. Il faut donc tout recommencer, mais à l'envers cette fois. Désormais, ce sera l'heure normale et de plus, on ose nous le dire. D'abord, pourquoi nous l'avoir enlevée si c'était pour nous la rendre? Et si elle était normale avant, pourquoi ne pas nous l'avoir laissée? Mon Dieu! comme c'est compliqué. Si je l'avais eue, peut-être aurais-je pu en tirer de belles choses dont sa perte me prive. Son retour impromptu me laisse tout aussi décontenancée et prise au dépourvu devant une journée de vingt-cinq heures. Toute ma relation au temps en est faussée.

Au fond, on fait un trou dans le temps pour le boucher ensuite. Depuis tant d'années qu'on le bouscule ainsi, s'il allait se lasser de ne plus savoir s'il doit avancer ou reculer, s'il s'arrêtait brusquement? Nous serions bien avancés!

Et ce «on» qui prend la décision deux fois par année de faire se lever et se coucher le soleil et la lune au moment qu'il lui plaît, qui est-il? N'y a-t-il que des indiens et pas de chef dans cette histoire? Ce ne serait pas tellement différent de ce que nous voyons si souvent dans notre société. Qui a forcé les aiguilles du temps à faire tantôt marche avant, tantôt marche arrière? Je suppose qu'il n'est jamais content celui-là et se croit autorisé à refaire la nature et l'univers? Ce qui est fait depuis des milliards d'années n'est-il pas bien fait? Ça tourne bien, il me semble, et surtout toujours dans le même sens et au même rythme.

Ai-je d'autres choix que celui de m'adapter? Alors mieux vaut tirer le meilleur parti de la situation. Les oiseaux me réveilleront une heure plus tard et je pourrai, comme tout le monde, profiter d'une heure de clarté de plus les beaux soirs d'été. À toute chose malheur est bon: je ne suis pas maître de l'heure mais j'avoue avoir tout mon temps.

L'importance du prénom

D onner un prénom à un enfant à sa naissance est un geste de grande importance qui aura une influence indéniable sur son avenir. Le nommer lui confère son identité propre et en fait une personne bien distincte tout en l'insérant dans un groupe particulier: sa famille.

Il est aussi, par conséquent, intégré à la communauté humaine où il aura d'abord les mêmes droits –du moins, cela devrait être – et plus tard, les mêmes devoirs que chacun des membres qui composent cette communauté. Avoir nom et prénom le confirme dans sa dignité humaine.

Ce n'est pas, en tout premier lieu, le nom de famille qui nous façonne une personnalité et nous distingue des autres: c'est notre prénom. C'est lui qui nous désigne et nous identifie dès le début de notre existence. En effet, dans ses premières années, le petit enfant se moque bien de s'appeler Dupont, Durand ou Tartempion. Ce qu'il aime entendre, et ce à quoi il répond, c'est son prénom qui lui dit qu'il est quelqu'un, même s'il ne peut mettre des mots sur ce qu'il éprouve en l'entendant, qui lui dit aussi toute l'importance qu'il a aux yeux des siens et l'assure de leur affection.

L'enfant apprend très tôt à se reconnaître quand on le nomme; c'est à lui qu'on s'adresse et pas à un autre. Et si on s'avisait de changer ce prénom dans sa petite enfance, on lui causerait sûrement des problèmes d'identité. Prononcer le prénom d'un enfant d'une voix douce ou brusque, caressante ou indifférente, lui apprend à s'aimer ou à se détester. Le prénom, c'est la personne. Par la suite, c'est la personne qui donnera à son prénom toute son originalité, même s'il est très répandu. De fait, plusieurs personnes portent le même prénom mais pour chacune, il a une résonance toute particulière et s'il a été bien choisi, il s'ajuste à elle comme un vêtement fait sur mesures. Celui qui est affublé d'un prénom ridicule portera ce fardeau toute sa vie, d'autant plus qu'il sera sans doute la cible de prédilection des moqueurs. Humilié, il manquera de confiance en lui et en gardera rancune à ses parents.

La façon de nommer une personne en dit long sur nos sentiments et celui qui a des antennes sent passer ces vibrations, ces nuances dans le ton. Personne ne résiste à l'attrait d'une voix qui dit son prénom avec chaleur et respect. On en éprouve une sorte de fierté, on a le sentiment d'être reconnu et apprécié et tout à coup, ce prénom devient beau même s'il nous paraissait banal auparavant.

Bref, nommer quelqu'un signifie qu'on le considère comme une personne à part entière, qu'on a de l'intérêt pour lui et qu'on lui fait place dans notre cœur.

Ombres et lumières

Rien n'est jamais tout blanc ou tout noir. En contemplant le jour resplendissant par ma fenêtre, je réalise soudain que la neige immaculée, fraîchement tombée la veille, est striée d'ombres bleutées que lui font les arbres, les maisons et ses propres replis et vallons. Ce sont ces reliefs dus à la direction du soleil qui la rendent plus belle encore.

Nos jours sont aussi faits d'ombres et de lumières entremêlées: rien n'y est parfait ni absolu. Nos bonheurs et nos joies sont toujours, ou presque, traversés d'ombres plus ou moins prononcées, sujettes à disparaître et à nous revenir autrement. J'aurais envie de dire: est-ce nécessaire que les humains aient mal? Question oiseuse et sans réponse sur le simple plan humain. Par contre, n'a-t-on pas l'habitude de dire qu'il manque une dimension à l'existence de celui qui n'a pas souffert? Si jamais on suppose que celui-ci puisse exister.

Si les ombres bleues sur la neige nous la font paraître plus scintillante, par contraste, pourquoi n'en serait-il pas de même pour notre vie? Voilà! Ce sont des choses qu'on avance quand les ombres ne recouvrent pas notre paysage; l'espoir et la confiance vont alors de soi. Mais comment espérer voir la lumière si l'obscurité envahit notre horizon? Il n'y a pas de recettes de bonheur; seul un certain regard sur les choses nous apporte une clé.

Comment se fait-il, par ailleurs, que nous mettions tant de temps à comprendre qu'être heureux est possible même à travers nos difficultés, que la vie n'est pas toujours obscurcie par elles, que le soleil perce quand même ici et là? Que le bonheur existe là où on ne le cherche pas et qu'à l'image des ombres mouvantes sur la neige, il est aussi en mouvement? À trop vouloir le définir, on risque de tomber dans la banalité ou le cliché. Il a les traits que chacun lui prête, les couleurs de son âme. Pour certains, par exemple, ce sera le plaisir, la possession; pour d'autres, leurs désirs les porteront davantage vers les relations humaines; pour d'autres encore, le travail et la réussite seront leur intérêt principal.

Cette «mouvance» du bonheur le rend fragile et par conséquent, précieux. Il est normal et bon de vouloir le préserver. De chercher à l'augmenter même. C'est surtout fondamental. Car on ne peut le cacher: toutes nos démarches, tous nos efforts ont comme but reconnu et avoué ou non: la satisfaction de nos désirs les plus chers. Seuls diffèrent les moyens, les routes empruntées pour y arriver. Nos maladresses, nos erreurs témoignent de notre fébrilité pour l'atteindre et du désespoir de certains de n'y pas parvenir tout de suite ou, selon eux, de l'avoir raté.

On naît avec le goût du bonheur comme une fleur porte son parfum en s'ouvrant au soleil; on apprend

ensuite à vouloir être heureux. Le présent est le maté-
riau dont nous disposons pour nous y conduire: le
passé, quel qu'il soit, peut s'y intégrer et l'avenir, s'y
dessiner.

Par des routes inconnues

Quand j'étais petite, je croyais que les arbres produisaient le vent. Dans ma naïveté, j'imaginais que les branches et les feuilles qui s'agitaient en tout sens lui donnaient une forme visible et le dotaient d'un pouvoir maléfique. Et naturellement, plus les arbres se tordaient et gémissaient, plus j'avais peur que le vent n'emporte tout sur son passage: les maisons et nous dedans. Je lui prêtais des traits méchants et des intentions perverses. Je le détestais.

Ce qui me reste aussi en mémoire de ces moments de panique, ce sont mes doutes quant à la puissance de Celui qui, à mes yeux d'enfant, était le grand Maître du vent, de ma déception face à ce que je croyais son indifférence et son incompréhension pour ma frayeur. J'aurais voulu qu'il répondît dare-dare à mes supplications.

Peut-être est-ce un peu de l'enfance que nous viennent cette peur de l'inconnu, de ce qui n'a qu'un nom et pas de visage, ce besoin de recevoir des réponses immédiates à nos questions et la satisfaction de nos désirs.

Parce que nous désirons donner des traits à ce qui n'en a pas, soit pour nous rassurer, soit pour justifier nos appréhensions, la représentation que nous nous faisons de l'inconnu contribue à déformer la réalité. «La peur du mal fait plus mal que le mal lui-même.» C'est ainsi que la peur du manque sous toutes ses formes, de la maladie, de la souffrance, de la mort, voile le sens des crises que nous avons tous à traverser.

Il y a en nous cependant, un paradoxe qui laisse perplexe: nous craignons l'avenir et pourtant nous cherchons à nous l'inventer, à nous le faire prédire et courons toujours en avant du temps, pressés d'arriver plus tôt pour en conjurer le pouvoir. La vie, elle, n'est pas pressée, c'est nous qui passons trop vite, trop impatients pour nous arrêter et réfléchir aux signes que les événements nous font, trop distraits pour reconnaître la vie et la saluer. Capricieuse vie tel le vent qui, sans raison apparente, change de direction, pleine de détours et de chemins qui ont l'air de mener nulle part ou de vouloir nous égarer, nous emmener là où on ne voudrait pas aller.

Néanmoins, à force de naviguer à travers récifs et remous, nous nous retrouvons soudain en eaux plus calmes, capitaines aguerris par les difficultés du voyage et devenus plus maîtres du gouvernail. La route à suivre se dessine mieux. J'aime bien l'idée de traverser et dépasser les épreuves que nous nous construisons. La facilité nous laisserait sur place.

Patience et simplicité

En levant les yeux vers la fenêtre, j'aperçois une araignée qui descend lentement de son échelle de soie. Ne prisant sans doute pas très fort le froid déjà à l'œuvre, elle remonte presque aussitôt pour aller se réfugier dans la rainure de la frise du toit. Elle ne revient pas. Ce long fil, invisible dans ce jour gris et triste d'automne, se balancera sans doute un certain temps encore dans le vide. Travail inutile à nos yeux mais naturel pour elle dont le destin est de filer.

Elle n'attend rien de la vie probablement. Elle tisse calmement ses toiles-pièges qui lui procureront sa nourriture. Puis, l'un ou l'autre réduit, grand comme une pièce de monnaie et plein d'humidité comme elle l'affectionne lui suffira pour se tenir à l'abri avec ses petits. Tout cela lui tient lieu de bonheur. Le froid l'engourdira jusqu'à ce que les rayons du soleil printanier viennent la sortir de son long sommeil. Alors recommencera le même manège.

Ce qui m'intéresse en elle – car si elle m'amène à réfléchir quand elle est au-dehors, elle me fait frémir quand je la retrouve dans ma maison – c'est sa patience, son absence de fébrilité. Elle ne semble pas se hâter, filant inlassablement et avec une adresse incroyable. Nul autre but ne semble l'animer en dehors de son besoin de survivre. Manger, dormir et transmettre la vie résument son existence et rien ne la fait dévier du chemin qui la mène vers sa destinée.

Si elle était douée d'une intelligence semblable à la nôtre, il faudrait louer sa sagesse. Mais l'instinct qui la guide ne lui permet pas de choix, elle n'a aucune prise sur les événements de son existence qui est réglée selon un ordre établi depuis la nuit des temps. Elle tisse sa vie, sans mémoire du passé et indifférente à l'avenir sans projet qui est le sien. N'ayant aucune notion de la longueur de ses jours, elle vit sans l'angoisse d'une fin imminente, uniquement préoccupée de sa tâche d'araignée. Cependant, comme pour tout être vivant, elle appréhende le danger. Qu'on l'approche seulement: elle fait la morte ou s'enfuit avec une rapidité déconcertante. C'est sa seule arme contre nous, les humains, qui n'apprécions guère sa présence dans nos maisons.

Je n'envie pas les araignées. Pas plus que n'importe quel animal d'ailleurs, même si c'est un monde que je respecte. Leur bonheur sans interrogations me paraît sans saveur. Mais j'admire leur sagesse et me dis que je devrais observer plus souvent les araignées quand elles tissent leurs pièges ou leurs échelles de soie. J'y apprendrais la patience et la simplicité.

Pensées vagabondes

Certains jours revêtent une couleur particulière, où viennent se greffer mille et un souvenirs entremêlés. La réalité s'estompe pour un moment, nous devenons prisonniers de nos rêves. Prison douce ou amère, leur présence s'y fait vivante et envahit l'horizon de nos pensées, de nos émotions.

Les choses qui nous entourent, bien que gardant leur aspect familier, semblent, sans raison apparente, receler un secret, cacher une âme qui aurait été la nôtre et qu'on aurait, par mégarde, laissée s'échapper. Images floues ou nettes, légères ou obsédantes de bonheurs fugitifs qui traînent derrière elles un parfum qui se rappelle à nous inopinément. On voudrait leur donner un nom, un visage: certaines fuient, nous échappent comme des lambeaux de brume. D'autres ressortent, plus claires, plus précises. Elles prennent forme et s'imposent.

Souvenirs d'événements considérés comme de peu d'importance par le passé et qui ne se sont pas résignés à l'oubli. Enfouis dans quelque repli du cœur, ils resurgissent et demandent à vivre. Que s'est-il passé pour que ces émotions perdues et retrouvées reviennent gonfler notre cœur et nous rendre à un passé qui semblait ne plus exister? Comme si rien ne devait mourir tout à fait. Le monde est plein de signes et ces revenants tenaces ont sans doute quelque chose à nous dire, veulent nous révéler une vérité libératrice.

Si ces moments renaissent en nous donnant le sentiment, voire la certitude que nous avons vraiment vécu, en dépit d'un chemin douloureux ou plein d'embûches, alors ils peuvent être accueillis et entendus. Ces retours ne sont malsains que s'ils ramènent avec eux, pour nous harceler, le souvenir de bêtises ou d'erreurs pour lesquelles ils voudraient nous faire croire qu'il n'y avait pas de pardon.

Le souvenir a le pouvoir de décortiquer les moments passés et de nous les offrir dans toute leur vérité et leur réelle valeur. «Ce ne sont pas (les souvenirs) des ruines immuables et rigides, à jamais fixés dans les glaces d'une époque révolue. La vie les pénètre et les émeut toujours...» (Georges Duhamel*) Ils travaillent pour nous et se mêlent sans cesse à notre présent; c'est à partir d'eux et à travers eux que notre vie s'édifie, que notre personnalité se dessine et se fortifie et que notre âme prend sa couleur.

Le monde des souvenirs ne vient pas obnubiler notre présent: il l'enrichit au contraire. Il est notre bien propre, site inviolable où personne ne peut pénétrer sans notre permission, où nous pouvons toujours retourner pour y puiser des lumières et des forces. En somme, un lieu de prédilection pour mieux savoir qui nous sommes, où nous allons et ce que nous voulons. Territoire si vaste qu'on peut s'y promener longuement en glanant toujours quelque belle fleur à travers les orties.

Peut-on vivre sans âme?

Nous sommes des êtres vulnérables qui ont, tant bien que mal, à vivre leurs pauvretés, dont la plus grande n'est pas le manque d'argent, si pénible puisse-t-il être. La pauvreté nous rejoint aussi dans tous nos manques: manque de santé, d'amour, de joie, de paix intérieure, d'échanges, d'écoute attentive, manque d'âme, d'espérance.

Les pauvres en argent ont évidemment conscience de leur pauvreté: ils la vivent soit dans le découragement, en baissant les bras, soit avec courage et initiative. Mais nous pouvons souffrir d'une pauvreté d'âme sans le savoir ou sans vouloir le savoir, absents de la vraie vie parce qu'absents de nous-mêmes.

Parfois, nous réalisons qu'il y a des trous dans le tissu de notre vie et sommes conscients que nous ne pouvons plus «sortir ainsi sans aucune âme à nous mettre, sans aucun rire au fond des yeux». (Christian Bobin*) C'est déjà la lumière de la lucidité qui éclaire notre questionnement. Nous pouvons nous faire confiance. Mais des autres, il faut s'inquiéter: ils ne savent pas qu'ils ont faim, une faim qu'ils trompent avec ce qui les remplit sans les nourrir. Ils courent en tous sens, s'essoufflent et s'illusionnent sur l'efficacité de leurs gestes et de leurs actions.

S'ils pouvaient s'arrêter, ils verraient que le silence est réparateur, que la solitude peut être bonne à certains moments, une pleine mesure de solitude pour faire connaissance avec soi, avec la vie dans ce qu'elle offre de plus précieux, de nourrissant. Il faut du temps pour s'emplir les yeux de la beauté du monde qui ne s'achète pas à prix d'argent par ailleurs, qui a si peu à voir avec l'argent qu'elle ne s'en embarrasse jamais. Il faut prendre du temps aussi pour accorder son être comme on accorde un instrument, pour que la vie sonne juste et vraie. Un beau son rond et chaleureux.

L'homme moderne a entamé son existence à un rythme si effréné qu'il se croit obligé de la mener «allegro» jusqu'au bout, sans silences, sans soupirs qui permettraient de savourer pleinement la musique que fait la vie en passant. «On peut fort bien vivre sans âme, continue Christian Bobin, il n'y a pas de quoi en faire une histoire [...] Le seul problème, c'est que les choses ne viennent plus vers vous quand vous les appelez par leur nom.» Le contact ne se fait plus, le courant a été coupé depuis trop longtemps.

Non, la pire pauvreté n'est pas le manque d'argent. Et la plus grande richesse n'est pas d'en posséder; c'est la vulnérabilité, la pauvreté reconnue et assumée. Les vrais riches sont ceux qui ont fait la paix avec leurs manques et tiré leur force de leur faiblesse. Ils n'ont plus rien à perdre mais tout à donner, car c'est de leur être même qu'ils donnent.

Pour le bonheur de lire

Je relis en ce moment un livre absolument délicieux de Daniel Pennac*: *Comme un roman*. Et il mérite bien son titre car c'est le roman de l'amoureux du livre. Des phrases telles que «glisser dans les pyjamas du rêve, solitude fabuleusement peuplée du lecteur», laissent entrevoir ce qui nous attend dans cette lecture: poésie, humour et passion s'y découvrent au fil de ces pages.

Comme un roman nous amène dans un monde où l'on respire. Les mots s'y bousculent, jeunes et frais; les phrases, les paragraphes sont aérés, les chapitres courts. L'écriture s'élance, légère d'allure et pourtant si dense de sens. L'auteur semble nous tirer par la main pour une promenade où le plaisir de lire est à l'honneur et la condition première pour goûter les mots. Nous sommes littéralement happés au départ pour sortir éblouis de cette lecture.

Quel plaisir! L'auteur, sans chercher à nous convaincre – si nous ne le sommes pas déjà – nous communique son feu. «Lire ne supporte pas l'impératif, pas plus que les verbes aimer et rêver», nous dit-il dès le début. On nous a appris à lire à l'école, on nous a incités à telle ou telle lecture pour ouvrir et meubler notre intelligence. Plus rarement un professeur a partagé avec nous son bonheur de lire.

Les livres sont des amis, toujours disponibles non seulement pour peupler la solitude, mais aussi pour nous faire voyager dans les pays du rêve et de la réalité. Qui ne s'est pas reconnu, lors d'une lecture, dans l'un ou l'autre des personnages, jusqu'à s'identifier à lui, à vivre sa vie, à partager les mêmes émotions, les mêmes sentiments, à retrouver un même passé. Mystérieuse magie des mots, de cette «pluie de mots» qui nourrit l'âme et le cœur.

Le chapitre sur les premiers pas de l'enfant dans le monde de l'écriture et qui, pour la première fois, réussit, émerveillé, à tracer les lettres du mot «maman» est à lui seul un poème. Le mot s'anime pour lui et devient une personne: c'est sa maman. Il vient de faire une immense découverte qui le mènera vers d'autres découvertes: la sienne propre, celle des autres, du monde.

Ce livre est en même temps une plongée dans le monde de la parole, si proche. Un retour sur soi devant des «mots-clichés» qui ne veulent rien dire et cachent notre réalité. Des mots qu'on refuse de dire ou qu'on n'ose pas dire, par pudeur ou par crainte de soi et des autres à la fois. Des mots creux qui nous laissent pleins de vide.

C'est un livre pour le bonheur de lire, simple et vrai, frais comme vent de printemps. Oui, il est écrit et nous passionne comme un roman.

Pourquoi écrire?

Pourquoi écrit-on? Laissons parler une fois de plus Christian Bobin*. «Ce n'est pas pour devenir écrivain qu'on écrit. C'est pour rejoindre en silence cet amour qui manque à tout amour.» Je ne sais si ce que dit cet auteur dans *La Part manquante* est vrai de tous ceux qui écrivent. Mais il est assez vraisemblable qu'on écrive pour découvrir quelque chose qui se cache: une vérité, une émotion, une joie, un amour. On écrit aussi par amour des mots qui donnent forme et vie aux pensées.

Parfois, c'est une phrase lue ou entendue qui frappe à la porte du cœur, un visage, un coin de ciel bleu, un oiseau, une fleur. N'importe quoi. Celui qui écrit ne sait pas toujours ce qu'il fera avec tout ce qui chante ou pleure en lui, il traque les mots pour leur faire dire ce qu'il ressent confusément. La lumière se fait au fil de ces mots qu'il trace, qui s'appellent les uns les autres et s'enchaînent pour dégager la pensée de sa prison. Il écrit pour combler «la part manquante».

Il trouve en écrivant le moyen d'exprimer ce qu'il ne connaît pas encore de lui-même. Écrire, pour lui, c'est dire ce qu'il ne sait pas encore de lui-même, il s'apprend ainsi. Bref, il va au-devant de lui en choisissant la voix (ou la voie) silencieuse. Non pas qu'il se coupe des autres, il les rejoint à sa façon, du moins, il tente de le faire. Mais il doit s'en écarter momentanément tout comme il fuit le bruit: pour ne pas effaroucher tout ce qui bouge de vie en lui.

De quoi est fait un livre? De ce qu'est son auteur, de ce qu'il veut savoir, de ce qu'il tait et qui jaillit entre les mots, entre les phrases. Il va chercher ce qui manque à son amour, pour se libérer de lui-même afin de devenir vraiment lui-même. Les personnages d'un roman ne libèrent-ils pas le romancier de ses démêlés avec lui-même, de ses démons?

Celui qui écrit jette au vent ses pensées dans l'espoir qu'elles seront rattrapées par quelqu'un d'attentif. Mais il est sans doute plein d'espérance puisqu'il ose ainsi livrer son âme, un bien plus précieux encore que les événements de sa vie. Il faut qu'il ait la foi de rencontrer une âme assez semblable à la sienne avec laquelle il puisse partager son émotion, sa joie, la vérité entrevue.

C'est une grande responsabilité que d'écrire. C'est du définitif, car l'écrivain ne peut pas revenir sur sa parole pour dire: «Ce n'est pas vrai ce que j'ai écrit, j'ai changé d'idée.» Il n'a pas le droit de tromper, il n'a que le droit de se tromper et c'est bien différent.

Écrire, c'est trouver «la part manquante, l'amour qui manque à tout amour, dans l'incertitude et le tremblé de sa vie».

Quelques pages
du livre de la vie

Je tourne les pages du livre de la vie, de ma vie. Souvenirs anciens et plus récents y apparaissent, en vrac ou se détachant plus nettement: le petit garçon transi par le froid, la voiture du marchand de glaçons, l'arrosoir municipal qui éclabousse, à notre plus grande joie, nos pieds tendus dans la rue, le policier qui abat un cheval tout près de la maison, les aurores boréales, la voie lactée, les châteaux de sable. Et combien d'autres souvenirs emprisonnés qui cherchent une issue, vont, viennent, s'effacent pour revenir encore. Le livre de la vie avec ses pages qui restent dont je ne sais ni le nombre ni l'écriture...

Là, c'est un air qui chante dans ma tête, il monte d'ailleurs, du plus profond de moi-même. Insistant, tour à tour tendre et douloureux, fait pour le violon et le piano. Non l'un accompagnant l'autre, mais les deux dialoguant ensemble, devenus instrument unique. Une élégie entendue il y a quelques années seulement, un soir de concert. Je ne la connaissais pas. Il n'a fallu que les toutes premières notes pour mouiller mes yeux et savoir qu'elle ne me quitterait plus. J'étais transportée ailleurs, je ne sais où.

C'est difficile de dire avec des mots l'émotion que la musique soulève chez ceux qui la fréquentent et l'aiment: ils ne font que balbutier. C'est tout l'être qu'elle pénètre. Il n'y a pas que le cœur et l'âme qui sont atteints, le corps aussi participe à ce bonheur, si intense parfois qu'il fait mal. La beauté nous enveloppe alors, chassant toute laideur, toute mesquinerie. Elle devient une raison de vivre mieux, plus haut.

Cette élégie que j'ai eu la joie de réentendre récemment, dit une grande douleur s'exprimant d'abord avec pudeur, puis devenant peu à peu révolte, rage même pour s'acheminer, après quelques soubresauts, pacifiée, vers une grande sérénité. Je l'imagine comme un deuil surmonté, un choix douloureux qui suppose la liberté. Celle de dire oui ou non, réponse qui pourra changer toute la vie.

Le violon et le piano, ce jour-là, ne se dissociaient pas, unis dans une commune passion, une même acceptation. Une exécution troublante et profonde comme un beau jour d'automne. Passion, tendresse, douleur de joie: le livre de la vie. Des moments de grâce qui devraient être fixés à jamais dans l'éternité.

J'ai entrevu, ce jour-là, des pans de ciel et approché, de loin, ce mystère jamais élucidé de la douleur qui rejoint le bonheur pour ne plus faire qu'un. Les musiciens ont cette tâche difficile et sublime de nous amener au-delà de nous-mêmes, vers quelque lieu indéfinissable et qui nous dépasse.

Ce sont des marchands de bonheur qui n'atteignent ce but que dans l'humilité, car le maître, la musique, est plus grand qu'eux.

Question de connivence

Nous croyons avoir oublié de grands morceaux de notre vie. Bien des événements de notre enfance et de notre jeunesse, des noms, des visages même ont été enfouis en quelque coin reculé de notre mémoire. Enfouis mais non perdus à tout jamais puisque, à la faveur d'un détail, surgissent de l'ombre une impression, une présence soudain plus dense, une scène, un sourire ou une larme. Un pan de vie réapparaît.

Un fil bien ténu mais présent nous raccorde à nos premières années de vie dont nous ne sentons pas toujours l'existence et l'importance. Pourquoi nous souvenons-nous d'éléments apparemment insignifiants tandis que la brume de l'oubli enveloppe des faits importants qui ont pourtant marqué notre âme et l'orientation de notre vie? Nous oublions volontairement ce qui nous a trop troublés, mais peut-être est-ce plutôt inconsciemment?

Une odeur, des feuilles mortes qui craquent sous les pieds, l'écoute attentive d'une personne amie, une qualité de lumière, des ombres qui s'allongent dans le soleil peuvent contribuer davantage à faire jaillir des émotions oubliées que tous les efforts déployés pour les faire revivre. Comme si elles ne voulaient pas être sollicitées, encore moins forcées. C'est une terre d'accueil, des portes qui s'ouvrent et permettent aux souvenirs de réintégrer leur juste place en nous. Les beaux souvenirs, pour les garder et s'en nourrir; les moins beaux, pour les dépasser.

Un exemple plutôt banal: au printemps et à l'été, quand j'entends chanter l'oiseau que nous nommions le petit Frédéric, je suis automatiquement ramenée à mon enfance et à ma prime jeunesse, quand nous allions, en famille, cueillir des petits fruits après souper. Je retrouve la fébrilité des préparatifs du départ, je revois les bois, les sentiers étroits où l'auto s'engageait et que les branches giflaient au passage. Je revois le soleil qui baissait à l'horizon, puis le ciel qui se colorait déjà. Et ce pinson qui égrenait les notes de sa chanson, au loin, me ravissait. Je retrouve ce bonheur qui m'inondait alors et suis doublement heureuse: le bonheur du passé s'ajoute au bonheur présent.

Je crois que les souvenirs nous reviennent quand se refait le lien entre ce que nous étions, enfants, et cette part de nous restée inchangée et inattaquable. S'établit alors une sorte d'équilibre, de connivence, d'unité, un accord avec soi et tout ce qui nous entoure. Ce qui a été a permis ce qui est. C'est peut-être cela le bonheur? Cette certitude d'être là où il faut être et d'y être bien. J'allais dire un rajustement entre passé et présent, le sentiment que les échecs, les crises, les naufrages qui auraient pu nous briser ont, au contraire, ouvert les portes de nos prisons et délivré les emmurés que nous étions.

Questions et réponses

Une phrase, glanée au cours d'une lecture, me poursuit: «Le contraire du nihilisme, ce n'est pas l'optimisme, ce n'est pas l'enthousiasme [...] c'est l'amour et le courage.» (André Comte-Sponville*) Non, la vie n'est ni absurde ni bête, comme il nous arrive de l'en accuser parfois. Elle est difficile et c'est bien différent.

Si absurdité il y a, il faut questionner la conduite des humains. Si bêtise il y a, ce n'est pas à la vie non plus qu'il faut l'attribuer. Absurde, bête cette vie qui ne demande qu'à éclater, à croître, à s'élargir? Qui l'étouffe, qui la détruit ou la restreint?

Il me semble que ce sont plutôt les conditions à travers lesquelles elle s'exprime qui sont en cause. Conditions que nous avons créées pour une bonne part, nous ne devons pas l'oublier. C'est au cœur de ces conditions que la vie nous interroge et la réponse que nous lui apportons lui donne ou lui enlève tout son sens. Ce n'est pas là un jugement sur la valeur de cette réponse: je sais qu'il y a des douleurs qui semblent aller au-delà des forces humaines. Aussi, je ne veux qu'essayer de comprendre.

Si la vie apparaît insupportable à certains, ce n'est pas qu'ils en soient dégoûtés, sans doute; mais parce que leur souffrance, trop grande, balaie toute joie en eux, elle n'a plus de sens. En effet, il faut être bien malheureux pour vouloir mourir. Celui qui quitte volontairement la vie ne la hait pas, il ne veut plus souffrir. Il est sur un chemin de. non-sens, il est en dehors de la vie. Et qui sait? Peut-être n'a-t-il jamais éprouvé suffisamment d'amour de soi pour avoir une raison de lutter pour rester vivant.

De quoi peut-on accuser la vie? Sûrement pas du mal que les hommes se font à eux-mêmes et causent aux autres. Il n'en reste pas moins qu'elle nous présente un mélange de succès et d'échecs, de joies et de peines, de déceptions et de satisfactions. Si les uns sont bons à vivre, il nous faut une bonne dose de courage pour supporter les autres. C'est ici que l'amour, ce moteur de la vie, entre en scène. Car sans amour, le courage nous serait de peu d'utilité et n'aurait par ailleurs aucun sens. Avoir envie de céder au découragement ou même au désespoir n'est pas un manque de courage: c'est une faiblesse tout humaine et temporaire que chacun connaît au cours de sa vie. Ce qui importe, c'est que l'amour de la vie, de soi et des autres nous fasse relever la tête et reprendre la route pour faire face au défi de vivre.

Si la vie nous déçoit, c'est que nous attendons beaucoup d'elle. Et si nous en espérons tant, c'est que nous la savons capable de nous donner beaucoup. Le même auteur de poursuivre: «[...] aucune mort n'est triste qu'autant que la vie est aimable.» Raison de plus pour s'y accrocher avec ténacité, avec amour.

Rêverie à ciel ouvert

Oser écrire ce qui vient, au fur et à mesure de ce que mes yeux contemplent. Écrire sans thème précis, juste en laissant monter la vie et dire tout ce qui bouge et chante autour de moi. Rêver les yeux ouverts sur la nature en deuil du soleil depuis quelques jours.

C'est l'été mais ça n'en a pas l'air. Seul le calendrier le sait. Il pleut des cataractes, une pluie rageuse qui sort en trombe du ciel moche qui peint ma fenêtre en gris. Ce plafond bas n'en finissant plus de nous écraser du poids de sa colère froide, je m'attarde au sol et n'en lève plus mon regard.

J'ai d'abord l'impression qu'il ne se passe rien. Puis, à force d'attention et de recueillement, je sens que chaque instant est plénitude malgré tout. Une vie intense se déploie et je l'imagine s'affairant dans les régions obscures de la terre. Les racines sont gorgées d'eau nourricière, puis les tiges, les feuilles, les fleurs et les fruits vont bientôt en bénéficier. Toute la nature en est lavée et la forêt pourra en éteindre ses feux. «Ma sœur l'eau»…

Des enfants passent, peu soucieux du temps maussade, devisant gaiement sous leurs imperméables à capuchon couleur de soleil. Les oiseaux chantent. Mésanges, roselins, chardonnerets, bruants se relaient aux mangeoires. Le geai qui me boudait depuis de longs mois est réapparu et quémande sa pitance avec insolence et autorité. Perché sur le haut de la fenêtre ouverte, il s'égosille à fendre l'âme. Aussitôt servi, monsieur s'est tourné vers moi et je crois qu'il m'a remerciée: sa voix rouillée me l'a dit dans un cri. Puis dans un grand bruit d'ailes frois-sées, il est parti en fendant de bleu le ciel morne et sale.

Deux tourterelles, vautrées dans la terre dé-trempée d'une plate-bande, attendent je ne sais quoi, figées dans une immobilité telle qu'on pourrait les croire mortes si on ne voyait leurs yeux scruter sans cesse les alentours. Elles sont là, chaque jour. J'ai tenté de les approcher: elles ne fuient pas, mais me manifestent leur mécontentement en se déplaçant quelque peu. Leur patience m'instruit.

Une déception m'attend cependant. Mes delphi-niums si bellement fleuris de bleu, si fiers et si droits ont dû courber la tête sous la pluie trop lourde. Devrai-je, s'ils ne sont pas cassés, les attacher, moi qui aime tant les voir se balancer librement dans le vent? Ce vent qui s'énerve par moments et soudain s'arrête comme pour reprendre son souffle et recommencer à courir n'importe où, sans savoir où il va. Sait-il seule-ment d'où il vient ce vagabond fou?

Je savoure le beau silence vivant. C'est congé de tondeuses à gazon, autre bienfait de la pluie. Toutes ces petites choses, si grandioses au fond, m'ont telle-ment préoccupé le cœur et l'esprit que je ne sais plus l'heure qu'il est. Et je ne veux pas le savoir. Je ne vis plus cette terrible perte de temps et de bonheur qu'est le travail obligé, aux horaires implacables qui sonnaient le glas en moi et où l'on enferme la vie sous prétexte de la gagner. «Mais la vie gagnée, il faudrait la vivre.» C'est Jean Guéhenno qui a dit cela. Je trouve qu'il a tellement raison que c'est ce que je fais maintenant.

S'attendre pour se rencontrer

Je viens de terminer la lecture d'un livre passionnant de Claude Roy*, *Le Rivage des jours*. Je ne vais pas vous en faire un compte-rendu; seulement vous dire l'émotion qu'il a suscitée et le «plus» dont il est la cause.

Claude Roy possède une culture très vaste, c'est un fin lettré. Ce qui rend la lecture de certaines pages assez difficile. À mon avis, en tout cas. Ce qui m'attire cependant chez lui, c'est ce qu'il dit quand il oublie ses «lettres». Alors là, il devient touchant, parfois même bouleversant. Il fait naître en moi des émotions, des pensées qui dormaient peut-être et qui soudain sont tout étonnées d'être là.

Le Rivage des jours, ce sont des carnets, une sorte de journal où l'on retrouve: des maximes – qu'il appelle minimes – des citations, des poèmes et des récits délicieux, comme ceux, par exemple, où il est question de ses amies les hirondelles qu'il aime tant. Dans ces moments-là, il se fait tout proche et désarmant de simplicité et de vérité. De bonté aussi.

Rescapé de la mort et conscient de cette présence dans son existence, de la brièveté et de la valeur de la vie, tout ce qui est vivant le préoccupe: le sort des êtres humains, ses proches, ses amis, son chat, ses arbres, sans parler de sa femme qu'il aime par-dessus tout. Quand il parle de «Mon ami le noyer est quelqu'un qui sait vivre [...] qui prend ce qui lui est donné chaque jour», il me ramène à ce qu'il y a d'essentiel pour moi comme pour chacun de nous et que j'oublie trop souvent, peut-être: l'acceptation de soi et de sa vie. Le noyer n'envie pas le chêne, il vit sa vie de noyer. Autrement dit, être bien avec soi, là où je suis, n'est-ce pas le bonheur, ou du moins, la sagesse suprême?

J'ai bien envie de vous citer un passage de son livre, une pensée profonde camouflée sous des airs d'humour: «J'ai couru longtemps pour me rattraper. J'avais beau m'essouffler, je n'y arrivais pas. Et puis un jour je me suis assis au bord de la route pour m'attendre et quand je suis passé j'ai marché sans hâte à côté de moi, du même pas que moi-même. Depuis je suis très calme.» Sagesse d'un homme qui a pu et su se rencontrer pour s'accepter.

Parce qu'il a failli entrer au pays de la mort et qu'il a abordé, vivant, le «rivage des jours», son amour de la vie imprègne ses écrits de tendresse, de sérénité et d'un humour teinté parfois d'une mélancolie douce et tranquille. Je le remercie de m'avoir ouvert des portes d'où j'aperçois des horizons plus larges, plus dégagés qui m'appellent.

L'auteur sait qu'il est en sursis quand il dit: «Quelqu'un m'attend. Je ne sais pas où. Il ne sait pas qui. Nous ne savons pas quand», il sait qu'il a tout dit et se tait. Je referme lentement ce beau livre de vie. Le reste, c'est pour plus tard et personne ne peut en parler.

Tout se tient dans la vie

Quel plaisir de planter les dents dans une belle pomme fraîchement cueillie, croquante et juteuse. Est-ce parce que nous avons des dents que la pomme est si bonne? Et si j'ai envie de la croquer, c'est parce que j'ai faim, que la pomme remplit ce vide que j'ai au creux de l'estomac et qu'elle me laisse un goût délicieux dans la bouche. Pourquoi pendrait-elle au bout de la branche si on ne pouvait la saisir et la manger? La pomme est là pour notre faim.

L'air sert à remplir les poumons. S'il est pollué, je respire mal et ma santé peut en être affectée. Pire encore, si l'air venait à manquer, mes poumons s'affaisseraient et je mourrais rapidement. Et tout ce qui doit son existence à l'air périrait aussi. L'air est conçu pour nos poumons.

La lumière, la beauté sous toutes ses formes sont douces et bonnes à nos yeux. Ce bel arbre presque entièrement rouge en face de ma fenêtre, pourrais-je dire qu'il est beau si je ne pouvais le voir? Il serait inutile si nous n'avions pas d'yeux pour le regarder. C'est vrai qu'il y a des beautés cachées qu'on ne perçoit que les yeux fermés seulement. L'âme a des yeux qui ne voient que dans le noir. Peut-être est-ce pour consoler ceux qui n'ont plus les yeux du corps et leur donner, à eux aussi, des merveilles à contempler. La lumière et la beauté sont faites pour nos yeux.

L'eau coule pour la joie du regard, mais aussi pour la joie de l'oreille et du cœur. Qu'elle soit source, rivière, fleuve ou mer, elle apaise et enchante par son mouvement, son bavardage. La fureur qui l'emporte à certains moments peut nous aider à nous libérer de notre colère. Nous sommes nés d'elle, elle existe pour notre soif et pour le plaisir de la retrouver, d'y plonger pour se laver ou se rafraîchir. L'eau est faite pour nous régénérer.

Que dire des sons, donc de la musique? Un univers sans musique ne pourrait exister. Elle a peut-être existé avant la parole, son langage universel lui permettant de se faire comprendre sans mots, d'aller au-delà des mots. Elle est faite pour l'oreille mais elle se fraie un chemin jusqu'à l'âme, jusqu'au cœur.

Tout cela fait notre joie; mais ce qui nous accompagne sur les chemins tristes ou gais de notre séjour terrestre nous suivra-t-il dans l'éternité? Personne ne le sait mais nous aimons bien y croire. Toutefois, il est impensable que le cœur, qui nous permet de goûter la vie, d'être meilleurs, d'aimer, parfois d'en souffrir, ne soit pas présent au paradis. L'amour est le pain du cœur et le paradis est fait pour l'amour.

Il est tout de même bon d'imaginer que ce cœur qui a connu tant d'assauts ici-bas puisse enfin se reposer et aimer en toute liberté, sans chagrin et sans regrets. Là aussi tout se tient.

Trop, c'est comme pas assez

Mes violettes refusaient carrément de fleurir. J'étais perplexe et déçue, je l'avoue. Pourtant, rien ne semblait leur manquer: une bonne terre, de l'engrais, de la lumière et de l'eau en abondance. Rien n'y faisait. Pendant un an, leurs belles feuilles m'ont narguée de leur bonne santé, mais les fleurs me boudaient.

Et cela a duré jusqu'au jour où j'ai compris que je les importunais; trop de ceci, trop de cela. Je m'inquiétais, j'attendais impatiemment qu'elles répondent à mon désir. Alors, j'ai décidé de les laisser vivre à leur guise tout en leur procurant le nécessaire, sans plus. Libérées de mon affection un peu trop pesante, elles ont enfin pu s'épanouir.

On me fera sans doute remarquer que de se préoccuper à ce point des fleurs quand des événements plus graves occupent le monde est plutôt futile ou puéril même. Saint-Exupéry s'est attardé au sort d'une rose délaissée, pourquoi ne pourrais-je pas me tracasser pour mes violettes brimées? Ce sont des créatures, tout comme nous, et à ce titre, elles méritent du respect.

Établir une comparaison entre les plantes et nous pourra paraître un peu naïf à certains, mais je persiste à croire qu'elles sont un peu à notre image. L'idée n'est peut-être pas si incongrue quand on songe que, dans la nature, il existe une réelle unité dans une infinie diversité. Et les plantes participent d'une certaine manière de cette vie qui nous est impartie.

Le dicton populaire qui suit reflète une grande sagesse: «Trop, c'est comme pas assez.» Un surplus peut devenir un manque. Et en l'occurrence, trop de sollicitude équivaut à un manque de liberté, d'espace. Les plantes aussi peuvent être inhibées par un surcroît de soins. Par contre, si on leur donne tout ce dont elles ont besoin, sans exagération, elles sauront bien, l'heure venue, sortir leurs atours de boutons et de fleurs pour notre plus grande joie.

La preuve des bienfaits de mon changement d'attitude, c'est qu'elles me gratifient de leurs plus belles fleurs: mauves, violettes ou blanches, toutes serrées les unes contre les autres en de belles touffes. Suprême reconnaissance pour mon détachement à leur égard.

N'est-ce pas qu'elles nous ressemblent? Bien sûr, nous avons besoin de beaucoup d'attention, d'écoute, d'affection, mais sans qu'on envahisse notre espace vital. Les autres ne nous appartiennent pas et nous n'appartenons qu'à nous-mêmes. La sollicitude, quelle qu'elle soit, peut devenir étouffante, car elle prive d'espace et de liberté.

Un espace à créer

Ce jour-là, en entrant dans ce bois que j'affectionne tout particulièrement, je me suis sentie à nouveau chez moi. J'ai laissé derrière moi soucis, obligations de tout genre, nouvelles rasantes ou démoralisantes; oublié tout ce qui divise les humains, et les rend imperméables les uns aux autres et si seuls. Oubliée aussi, le temps de cette promenade, la haine de ceux qui se déchirent. J'ai refermé la porte sur tout cela pour me refaire une âme accueillante comme on ferme la porte de sa maison pour se protéger des bruits et des agressions du dehors. Faire provision de beauté, de paix et d'espoir porte mes pas.

Il n'y a plus, tout à coup, que cet environnement familier et je ne veux plus rien savoir d'autre que cette vie palpitante autour de moi, une vie qui ne chemine pas à côté de la réalité mais s'y intègre pour l'adoucir et l'enrichir. Une vie qu'on peut ignorer, refuser ou saisir à pleines mains pour en sortir meilleur et plus fort. L'épaisseur du silence n'est troué que par l'appel aigu des mésanges qui ont l'air de converser d'une branche à l'autre, une pomme de pin qu'un écureuil fait tomber, le chant des grillons et, par moments, le cri déchirant du geai bleu. Je n'ai plus qu'un désir: dire merci pour ce qui lave l'âme, la vide de l'accessoire pour dégager l'essentiel, pour tout ce que la vie donne de beau et de bon au-delà des difficultés et des peines inévitables.

Plus rien d'autre n'existe que les grands pins qui me font une cathédrale de silence, d'ombre et de lumière entremêlées, que le soleil de septembre qui joue avec les feuilles et les redessine au sol et que le vent léger entraîne dans un ballet. Le sentier soudain bifurque et débouche dans la lumière, laissant entrevoir le grand vide bleu au-dessus de ma tête. Des quelques nuages qui l'habitaient et s'y étiraient au petit matin, il ne reste rien. Ils l'ont déserté pour d'autres lieux, d'autres cieux. Ne pouvant s'y accrocher, mon regard se perd dans cette immensité et se trouble devant cet univers sans aucunes limites.

Quelques branches de feuillus, en automne, narguent de leurs couleurs fraîchement étalées le vert immuable des conifères. Bientôt, ce sera la féerie, l'orgie des tons d'or, de flamme et de rousseur. En quelques semaines, la nature aura tout donné et c'est seulement au prix de cette générosité qu'elle pourra se régénérer.

Comment ne pas établir de parallèle avec la vie qui va, elle aussi, nous dépouiller, parfois avec dureté, glanant ici et là un amour, une amitié, un bien quelconque auquel nous tenions si fort et qui nous rendait les heures plus douces? Cet appauvrissement apparent et si difficile à accepter cacherait-il une richesse tout autre, invisible et intraduisible par des mots? La vie creuse peut-être un nid en nous pour y installer des biens d'un ordre différent.

Un homme debout

Il y a plusieurs millions d'années, celui qui allait devenir un homme s'est redressé et n'a plus eu besoin de s'appuyer sur ses mains pour marcher. Cela, bien entendu, ne s'est pas produit du jour au lendemain; mais l'effort qu'il fit pour se tenir debout dut lui procurer une fierté et une joie peut-être comparables à celles que l'enfant éprouve quand, pour la première fois, il s'élance sur ses jambes.

On ne sait rien de ce que cet homme a vécu mais l'imagination peut suppléer ici à la connaissance. Comme l'enfant, il avait tout à apprendre et ses mains, désormais, lui serviraient à appréhender le monde. C'était le premier vrai matin de sa vie.

Ce besoin de se redresser, notre ancêtre en a sans doute ressenti la poussée dans son corps, mais aussi, dans tout son être. A-t-il eu l'intuition – inconsciente, bien sûr – qu'il était différent de toutes les autres créatures vivantes qui l'entouraient? Personne n'en saura jamais rien. Mais c'est peut-être à ce moment-là qu'il a eu le sentiment très fort de sa dignité jusque-là inconnue et dont chacun de nous a hérité.

Rien ne peut détruire en nous ce besoin d'être reconnus et respectés, sauf chez ceux qui ont démissionné de la vie ou qu'on a tant blessés qu'ils en ont perdu toute identité et toute estime d'eux-mêmes. Le premier homme devait porter en lui l'étincelle qui un jour allumerait ce feu intérieur, cette énergie qui allait le mettre sur ses pieds. Graduellement, il allait prendre conscience de sa valeur, de son droit à exister sans avoir peur, à voir plus haut que l'horizon, à regarder les autres, ses semblables, droit dans les yeux, sans arrogance mais sans fausse humilité. Il partait à la conquête de lui-même, exploit que chacun de nous se doit d'accomplir.

L'animal, d'ordinaire, a un territoire bien délimité; l'homme, lui, a l'univers comme habitat même s'il établit sa demeure dans un endroit quelconque du globe. Et c'est à son redressement qu'il doit ce sentiment d'appartenance au monde et la joie de voir plus haut et plus grand. L'esprit et l'intelligence sont devenus son apanage.

Un homme debout, c'est un être délivré, rendu à la liberté. Debout, il se sent plus fort. Toutefois, écrasé, blessé ou humilié, il peut devenir agressif, dangereux ou être poussé au désespoir.

Un homme redressé n'accepte plus de se courber sous le poids des difficultés: il lève la tête, s'élance et prend des risques pour garder son visage d'homme.

Un monde fluide
et mouvant

J'aime l'eau. Non pas cette masse immense, puissante et écrasante de la mer et qui n'a de limites visibles que celles que lui trace le ciel à l'horizon. Mais l'eau des lacs, des rivières et des fleuves, plus accueillante, aux rivages fleuris de maisons et de clochers ou bordés d'arbres, de prairies ou de montagnes.

J'aime ces horizons plus fraternels comme j'aime un ciel habité où les nuages me parlent de vie et voyagent, libres de toute contrainte, en détrônant parfois un soleil trop insolent. J'aime les horizons vastes sans être trop lointains ou trop plats, moi qui suis «de ceux dont les désirs sont sur la terre». (Jean de la Ville de Mirmont)

J'aime aussi, me sachant en sécurité, me retrouver sur ce plancher fluide et mouvant, loin de ceux qui ne rêvent que de vitesse, de bruit, de compétition féroce. Où, si la chance me favorise, aucun moteur ne viendra troubler le religieux silence que seul le clapotis des vagues contre le bateau rythmera, monotone et apaisant.

C'est ainsi que, par un beau jour d'août, j'aurai, bien humblement, fait mes premières armes «à la barre» – mon vocabulaire s'est enrichi de quelques mots nouveaux, propres à la navigation – et vogué à bord d'un bateau à voiles sur notre beau fleuve Saint-

Laurent. Le ciel et l'eau étaient à notre disposition, rien ne venant bloquer le regard où qu'il se tourne. Le vent, trop léger sans doute pour la voile et changeant de direction à tout moment, nous compliquait un peu la tâche. On apprend là à prendre son temps, à décrocher de la vie de tous les jours et à s'abandonner aux caprices de la nature.

Sur l'eau, les soucis s'envolent et font place aux seules préoccupations du moment: tenir compte de ce qui est devant et derrière soi; les paquebots ou les autres embarcations, la direction du vent, le cap à maintenir, etc., tout en restant attentif, on se sent libre. Les voiles où vient se briser le vent, ajoutent leur note de poésie. Le bateau glisse et file, porté sur les ailes du vent. Je me sentais merveilleusement légère. Pas de confort à bord, l'espace y est trop réduit. Tout se résume à la vie saine, sans artifices, à l'air qui remplit les poumons.

Je ferme les yeux et revois le paysage qui défile lentement. De traverser notre pont si impressionnant, si élégant, lui au-dessus, moi dessous, me laisse une impression nouvelle et très étrange. Soit dit en passant, il est moins inquiétant ainsi que lorsqu'on est au cœur de sa circulation rageuse. Ma vision physique du monde est tout autre. L'équilibre naturel du corps au sol est rompu. Je suis à bord d'une maison dansante et j'accepte de lâcher prise, de me laisser bercer au rythme des vagues. Et je rêve «de grands départs inassouvis en moi». (Jean de la Ville de Mirmont)

Un nom et un visage

Les êtres et les choses, considérés comme un ensemble, perdent de leur individualité et la beauté qui leur est propre nous est moins perceptible parce que nous ne pouvons les dissocier de leur environnement. Ils ne nous apparaissent chargés de sens que si l'espace autour d'eux est dégagé et nous permet de les voir dans toute leur singularité.

En automne, par exemple, un arbre mêlé aux autres arbres, contribue sans aucun doute à la majesté et à la splendeur de la forêt; mais il n'a pas son entière dimension. Sa taille, son feuillage, l'ombre qu'il projette et les oiseaux qui y nichent nous sont cachés. S'il se découpe, seul, sur un horizon dénudé, il révèle sa valeur et sa beauté éclate à nos yeux.

Les fleurs sauvages et les herbes folles qui poussent en désordre dans un champ ou dans un bois forment un beau tableau. Mais si on cueille l'une ou l'autre d'entre elles pour l'observer avec attention, elle devient une merveille en elle-même. Parce qu'elle est détachée d'un environnement trop touffu, nous pouvons admirer la finesse de ses détails, la grâce de son allure, ses belles couleurs et respirer son parfum délicat.

Dans une foule, nous pouvons difficilement reconnaître un être humain en particulier: il n'a plus son visage, il a celui de la foule. Nous ne savons pas s'il souffre ou s'il est heureux. Mais si l'espace se crée autour de lui, il sort de l'anonymat. Il a un nom, un visage, il peut dire qui il est et ce qu'il vit. Bref, il devient unique et peut communiquer ses pensées.

Notre vie, à certains moments, nous paraît éclatée, appauvrie. Parce que nous sommes plongés dans un trop grand nombre d'activités, si intéressantes et importantes soient-elles, nous nous sentons soudain à l'étroit. Si nous sommes noyés dans un flot d'activités et que nous n'avons plus de moments libres pour nous retrouver seuls, face à nous-mêmes, notre vie est diluée et perd son sens. Nous ne nous appartenons plus. Quelque chose d'essentiel nous fait défaut: le contact avec soi. «On peut posséder trop de trésors [...] à ne pas savoir où les mettre, alors qu'un ou deux seraient riches de significations.» (Anne Lindbergh*)

Quand nous possédons trop, il est plus difficile de faire des choix et d'accorder notre attention à chacune de nos possessions. Tandis que notre regard découvre plus aisément la beauté, même dans les petites choses, quand elles sont moins nombreuses. Ce n'est pas l'abondance qui rend heureux, c'est le sens que nous donnons à ce que nous possédons qui nous comble. L'absence de signification nous désespère.

Un passé de bois
et de champs

Les rues de mon quartier, éloigné du cœur de la ville, ont un air de quiétude, de quasi-recueillement. Trop jeunes encore, elles n'ont pas d'histoires anciennes à se chuchoter. Leur passé est fait de forêts, de champs, de pistes de ski, de petits fruits à cueillir et à déguster. Mais ces bois, au cours des quarante dernières années, se sont dénudés pour laisser pousser des maisons, sages et jolies ou plus luxueuses, étalant avec fierté leurs pelouses soignées, leurs jardins coquets et rieurs. Ils rivalisent de beauté. Des creux de silence se sont nichés un peu partout, invitant les oiseaux à s'y égosiller à leur gré pour notre plus grand bonheur.

Des rues qui tournent, déroutent les visiteurs, défient et repoussent les fanatiques de la vitesse. Des rues qui s'étirent longuement en longeant les deux coteaux qui enferment cette partie de la ville et un peu plus loin, la rivière aux eaux noires qui la délimite. Partout, des bosquets de feuillus et de conifères, qui nous font une telle fête aux douces saisons.

Des rues bien de chez nous mais qui disent non au bruit, à l'agitation, à l'air pollué. Les seules cheminées qui fument sont celles des maisons. À l'exception de deux voies principales les plus souvent empruntées, on peut y déambuler en toute sécurité et poursuivre sa réflexion dans un silence complice. À l'heure où se tairont les tondeuses à gazon, la paix se lovera partout, à peine froissée par le passage d'une auto, par des enfants revenant de l'école en devisant gaiement, ou par le cri d'un oiseau. Mais la paix n'en sera pas troublée pour autant.

Souvent, mes promenades me mènent à la rivière. En cette saison faite pour la contemplation et la reconnaissance, je laisse errer mon regard sur ce paysage féerique et m'enveloppe comme d'un manteau de la douceur de ces lieux à demi sauvages. Le temps coule lentement, au rythme de cette masse d'eau lisse où se mirent les rives si richement colorées. Je me défais de moi-même, je rêve et comme les écureuils, je fais des provisions. Eux pour le corps, moi pour le cœur et l'âme.

La gelée précoce a flétri nos jardins qui ont pris un air désolé. Pourtant, de belles fleurs persistent çà et là et vont chercher toute la chaleur qu'un soleil avare consent encore à leur donner. Mais les rues de mon quartier continueront d'accueillir mon pas accéléré; à l'air plus vif et, de temps à autre, le bonjour amical d'un voisin ou d'une voisine ponctuera ma promenade presque quotidienne.

J'aime mon quartier, ses rues, ses arbres, ses maisons, la rivière qui le borde. J'espère y finir mes jours. En vieillissant, il aura à son tour des histoires à me raconter que je pourrai peut-être vous griffonner sur la table de la cuisine.

Un petit livre à dévorer

J'ai déniché des mots de poète qui ont l'air de sortir tout droit du cœur pour aller à la vérité des choses; des mots simples et beaux qui disent légèrement des choses sérieuses. Un petit livre qui chante parce qu'il a besoin de chanter: «Mais va-t-on demander à l'oiseau la raison de son chant?»

C'est étonnant de trouver un contenu si dense dans un bouquin d'à peine 25 pages. En phrases très courtes, l'auteur, Christian Bobin, parle de tout et surtout de rien puisque le titre en est *Éloge du rien*. Mais de ce rien, il tire des trésors comme le magicien de son chapeau: le silence «que les lumières du dehors font tinter comme le cristal», les souvenirs de l'école où il a fait, comme tout le monde, en grandissant, l'apprentissage du mensonge parce que, pour lui, l'adulte, c'est quelqu'un qui ment. Il ment non sur telle ou telle chose, mais sur ce qu'il est: le plus grand mensonge.

Tout se tient dans ce qu'il aborde, tous ces aspects de la vie ont un lien entre eux. Il dit ce qu'est l'écriture pour lui, le savoir qu'on suppose à l'écrivain «comme si on écrivait à partir d'un savoir» quand, au contraire, «on écrit pour aller vers l'inconnu, pour apprendre à l'aimer». De l'amour, il écrit des choses que nous avons sans doute entendues, mais qui n'ont jamais été dites de cette façon: elles ont l'air toutes fraîches et inventées d'hier. Il prétend se laisser instruire par la nature pour qui tout est nourriture: la pluie comme le soleil brûlant. Elle ne se soucie de rien, la nature, pas même de sens. Il chante «la vie dont on se sépare en allant dans le monde et qu'on rejoint en contemplant le ciel peint en bleu et en or».

C'est une lecture dont on sort ravi et pourtant plein d'interrogations. Si on arrive à la dernière page, elle se prolonge en réflexion, se fait insistante et nous remet le petit livre entre les mains dès le lendemain dans l'espoir d'y trouver d'autres richesses passées inaperçues. Ce qui ne manque pas de se produire.

Je ne vous ai pas tout dit de ma découverte. Et pour cause. Étant donné qu'«on est changé par ce qu'on traverse», je suis sûre que l'*Éloge du rien* vous mènera, au monde de l'amour qui vient et qui va et «ne saurait tenir dans l'étroitesse d'un sens. L'amour est liberté».

Pensive, je me répète que «la joie est comme une échelle de lumière dans notre cœur. Elle mène à bien plus haut que nous, à bien plus haut qu'elle, là où plus rien n'est à saisir, sinon l'insaisissable.» Ce que je vous propose ici n'est rien, en regard du plaisir que vous aurez à dévorer ce petit livre que je lis et relis, à l'affût du moindre mot.

Un souvenir pour les moments creux

Il y a des personnes avec lesquelles on se sent si bien dès le premier abord, qu'on a envie de les aimer. Est-ce le regard, le geste ou la parole qu'elles ont pour nous accueillir qui abolissent la distance qui sépare et font fondre tout doute, toute appréhension? Il y a cela et plus que cela. Quelque chose se passe, et on n'a pas de mots pour l'exprimer: on se sent tout simplement être quelqu'un à leur contact.

Leur attitude permet à une sorte de miracle de s'accomplir: elle nous révèle à nous-même. Devant ces êtres, on a envie d'être beau, d'être bon; ils sont le miroir qui nous renvoie la véritable image de ce que l'on est, ou qu'on pourrait être, si seulement on osait. On se sent des forces neuves, capable d'accomplir des choses qu'on n'aurait jamais cru possibles auparavant. Rien n'est changé et pourtant rien n'est plus pareil.

Quel est le secret de leur charme? Rien n'est voulu ou étudié chez eux: ils sont ainsi à leur insu, sinon ce pouvoir qu'ils détiennent n'agirait pas de la sorte, ce serait simple camouflage ou jeu de comédien vite démasqué. Ce pouvoir qui n'a rien de possessif ou de dominateur, agit-il sur tous de la même façon? Il reste qu'une certaine parenté d'âme est nécessaire, quelque recoin caché en l'un et l'autre qui attend son hôte.

Ce qu'on pourrait bien appeler ici une grâce ne peut se produire plusieurs fois dans la vie: car il ne s'agit pas d'une simple attirance qui exige, malgré tout, un long apprentissage de la connaissance. C'est plutôt la révélation soudaine de soi et de l'autre qui n'a rien à voir avec une quelconque exaltation ou un feu de paille vite éteint. Un coup de foudre d'amour ou d'amitié (dans le sens le plus fort du terme) qui nous laisse ravi et heureux.

Peut-être se nouera-t-il par la suite un lien très fort appelé à durer; il est possible aussi que les choses en restent là. Mais le souvenir persistera. Grâce à cet événement intérieur très intense, on ne sera plus jamais le même et dans les moments creux, cette petite lumière se rappellera à nous pour nous redonner l'espoir et le courage de continuer.

Des portes auront été ouvertes, des chemins nouveaux, tracés. Libre à nous de nous y engager. Ces moments de bonheur sont à inscrire au programme de notre vie. Ils ont un air d'année nouvelle pleine de possibilités.

Une autre façon
d'être heureux

Les biens matériels sont précaires, fragiles. En fait, nous ne possédons rien: ni les choses parce qu'elles peuvent nous être enlevées d'un jour à l'autre, et encore moins les personnes parce qu'elles sont libres et que nous ne pouvons nous les attacher sans leur faire du mal. Même les enfants n'appartiennent pas à leurs parents. Nous savons tous que, parvenus à l'adolescence, ils n'ont de cesse que de se détacher de ces liens pour aller à la rencontre de leur vie et de leur liberté. Les parents qui ont vécu cette séparation dans la douleur en connaissent le prix.

Au fond, il n'y a que le moment présent qui soit bien à nous. Le passé s'en est allé et bien qu'il nous ait façonnés, il n'est plus là. Il a coulé comme une poignée de sable entre nos doigts. Ce qu'il nous en reste, c'est la sensation de son poids dans nos cœurs, ce sont les empreintes qu'il a laissées en s'enfuyant.

Il fallait pourtant que le passé s'éloigne pour nous soulager de certaines possessions inutiles, pour dégager l'horizon et nous permettre de nous découvrir. Ce sont les divers deuils que nous traversons qui font en partie ce travail et nous mènent à l'essentiel: l'amour. Ici, j'hésite à peine à vous glisser les propos d'un monsieur que j'aime beaucoup, qui nourrit ma pensée et dont je n'ai plus à dire le nom tant je vous en ai parlé: «C'est toujours l'amour en nous qui est blessé, c'est toujours l'amour dont nous souffrons même quand nous croyons ne souffrir de rien.» (Christian Bobin*) En clair, nous souffrons de ne pas savoir aimer, d'être mal aimés ou de ne pas être aimés et d'une façon ou d'une autre, le résultat est le même: le manque.

Aucune perte matérielle, si importante soit-elle, n'équivaut en douleur à la perte d'un amour. C'est une part de nous qui nous est arrachée. S'il meurt, il peut revivre sous une autre forme car l'amour porte plusieurs visages, il a plusieurs noms et c'est heureux. On ne remplace pas un amour par un autre amour: il serait voué à l'échec. Ce sont ses racines en nous qui produisent de nouvelles pousses, de nouveaux fruits, d'autres possibilités de bonheur. Nous connaissons une autre façon d'être heureux.

Si aucune douleur n'atteint en intensité un amour perdu, rien ne rejoint la joie que procure un amour vécu, qu'il s'adresse à un conjoint, à un enfant ou à une passion qui donne du sens à la vie. Tout amour a cependant ses limites, ses misères et ses grandeurs, connaît les contraintes de la condition humaine. Il exige une grande patience et une immense confiance dans la vie pour durer.

L'amour est un long et grand apprentissage, la seule possession d'ailleurs dont nous puissions être sûrs qu'elle ne nous sera jamais ravie, quoi qu'il

arrive. Il peut toujours renaître. À moins de démis-
sionner de l'amour, de laisser un amour perdu
emporter avec lui notre propre vie, de ne plus y croire
parce qu'un jour il nous a fait faux bond ou nous a
trompés. Il aura d'autres traits, sera vécu différemment mais chose certaine, il nous mobilisera de
nouveau tout entier vers l'avenir.

Une explosion de vie

Récemment, dans le cadre d'un exposé sur la spiritualité de l'environnement, un conférencier parlait de notre mémoire cosmique. Mémoire non psychologique, disait-il, qui a gravé dans nos cellules l'histoire humaine depuis ses tout débuts et a, par conséquent, inscrit dans toutes les fibres de notre être le souvenir de notre appartenance à l'univers.

En effet, notre corps est constitué d'eau, d'air, de métaux, éléments essentiels à notre existence et dont la perte ou le manque représentent un danger pour notre vie ou notre santé. Si notre corps a vécu toutes les étapes de l'évolution, ne peut-on pas penser que notre âme a aussi été appelée à se transformer au cours des âges? Physiquement, nous sommes sujets à l'usure, au vieillissement; notre âme, au contraire, porte en elle une diversité, une richesse de vie, qui lui vient sans doute d'influences lointaines, mais ne se détériore pas.

Qu'étions-nous, à l'origine, à partir de quelle cellule contenant un germe humain nous sommes-nous développés pour en arriver au stade où nous semblons figés maintenant? Quelle formidable source d'énergie devait-il y avoir au cœur de ce programme de départ, tout comme dans la moindre graine d'ailleurs, qui enferme, en puissance, un arbre ou une plante quelconque? Il n'en reste pas moins que la lente évolution qu'a connue la création nous instruit de sa patience et pourquoi pas, de son respect de la vie des créatures.

Devant cette merveille, ce n'est pas seulement notre intelligence qui est saisie mais tout notre être. Cependant, si passionnant soit-il, ce n'est pas l'aspect scientifique qui retient ici mon attention, mais la qualité de la relation qui nous unit à l'univers. Prendre conscience de ce lien autant physique que spirituel devient sujet d'émerveillement. Rien de ce qui existe ne nous est étranger; nous participons de cette vie prodigieuse qui a éclaté un jour, se déploie de la terre aux étoiles et se renouvelle constamment.

De cette explosion de vie survenue dans la nuit des temps, sont nés l'univers et le temps que nous habitons et qui nous habitent aussi. Le respect s'impose ici car à notre regard s'offre un spectacle éblouissant et grandiose, plein de beauté propice à la contemplation qui pousse les esprits curieux à chercher à percer les mystères de ces étonnants rouages. Et parce que la planète qui nous a accueillis est notre maison et qu'elle nous apporte de surcroît la subsistance, nous en sommes responsables et devons la protéger comme un être fragile que nous aimons, l'utiliser oui, en abuser non.

Notre mémoire biologique ne peut pas se souvenir qu'il y a en nous de l'arbre, de l'oiseau et de la poussière d'étoiles. Ce lien de parenté physique nous rappelle que nous avons d'autres liens: des personnes ont passé et passent sur notre chemin, la musique, les lectures et quoi encore, ont inscrit en notre âme des souvenirs de beauté et de bonté qui ont fait de nous ce que nous sommes d'une certaine façon et contribuent à maintenir notre évolution spirituelle en marche.

Une fenêtre s'ouvre

Il serait intéressant que je passe en revue tous les livres de ma bibliothèque pour en faire un tri. Mais un attachement, peut-être un brin trop sentimental, me retient de prendre des mesures si draconiennes. Certains romans et les livres de réflexion qui me sont chers font malgré tout bon voisinage avec les moutons noirs de mes étagères.

Les livres, pas tous, loin de là, ont aussi une âme: celle de leurs auteurs qui, avec le temps, s'est mêlée à la mienne; m'en séparer équivaudrait à abandonner cette partie de moi-même que je leur dois. Ils ont jalonné les étapes de ma vie et même si je n'ouvre plus plusieurs d'entre eux, je leur garde une sorte de gratitude d'avoir contribué, si peu soit-il, à mon cheminement littéraire.

Je revois ces bouquins qui ont été et sont encore comme une bible pour moi: j'y puise constamment pour me renouveler. Et chaque fois que je les consulte, j'y fais des découvertes qu'une précédente lecture n'avait pu me révéler. Les livres nous donnent et se donnent dans la mesure où nous apportons nous aussi le meilleur de nous-mêmes dans leur lecture. Les jours qui passent nous creusent et nous disposent davantage à accueillir, à recueillir, et le bonheur de lire, dans la maturité, n'est pas celui, plus boulimique de la jeunesse.

Ce qu'ils nous ont dit un jour continue de nous parler et sans que nous en ayons toujours conscience, nous entretenons avec ceux que nous préférons, une sorte de conversation intime comme avec de vieux complices, et ce qui était nébuleux s'éclaire graduellement.

Il est évident que je suis amoureuse des livres: une journée sans lecture n'est peut-être pas une journée perdue mais constitue du moins un manque. Qu'au moins je puisse, avant de m'endormir, m'enfoncer dans la lecture de quelques pages et me voilà heureuse. Cependant, je ne pourrais pas m'adonner à une lecture systématique d'auteurs savants dans le seul but de me cultiver: je suis trop brouillonne pour cela. Je cherche surtout en eux une nourriture pour l'âme et le cœur tout autant qu'un plaisir pour l'esprit. J'attends des livres qu'ils me parlent une langue belle, simple et claire et me disent des vérités qui nourriront et augmenteront ma vie intérieure. Je n'ai plus de temps à perdre avec des lectures banales qui me laissent sur mon appétit.

Ma relation avec certains livres a transformé ma vie en profondeur, changé ma vision du monde et donné plus de bonheur que n'importe quel autre bien matériel exception faite de la musique. D'ailleurs, je ne possède ni l'une ni les autres, ce sont eux qui me possèdent et me font vivre.

Et quand je me sens apparentée à l'âme de certains auteurs, c'est comme si ma vie s'élargissait et m'apportait une bouffée d'air frais. Une fenêtre s'ouvre et j'ai parfois le goût et l'envie de leur écrire.

Une idée parmi d'autres

La lumière éblouissante de ce beau matin d'hiver entre à flots dans toute la maison. Elle jaillit de partout. Mon regard se perd dans le paysage que ma fenêtre encadre. Je contemple ce spectacle avec émerveillement et pleine de reconnaissance d'abord, et peu à peu, l'image se brouille et s'estompe. D'autres se superposent et prennent plus de place.

Je n'aperçois plus que cette lumière qui vient de la terre autant qu'elle tombe du ciel, que cette blancheur qui enveloppe toute chose. Le silence, ce désert de dunes blanches qui me révèlent un univers de rondeurs, me suggère l'idée de pureté, avec la douceur qui l'accompagne.

Non pas cette pureté trop souvent associée et confinée à un seul aspect de la conduite humaine, mais celle qui est fondamentale, à la source même de la vie, qui est la vie dans sa dimension réelle, dans son mouvement le plus spontané. Fraîcheur oubliée, innocente et joyeuse de l'enfance que nous aimerions retrouver.

Pureté qui est avant tout soif de vérité, mais de vérité intérieure d'abord. Celle qui pose les questions essentielles qui échappent à la raison: Qui suis-je? Qu'est-ce que je veux vivre? Qu'est-ce qui me fait vivre? Que représentent les autres pour moi? Ces questions amènent inévitablement une plongée en soi, pour tenter de trouver les réponses au cœur des émotions, des désirs d'être vrai.

Cette pureté ou cette voix intérieure est un savoir, un don que nous avons reçu à la naissance mais que les interdits de l'éducation, les jugements, les préjugés et les conformismes que la société nous impose dans nos façons de penser, de voir la vie et le monde, comme manière d'être, ont occulté ou fait taire. Elle, dont la voix n'est qu'un murmure, exige que nous nous entourions de silence à certains moments pour se faire entendre. Sinon, elle cesse d'insister, de se faire pressante. Elle n'a plus la parole.

Retrouver ce don, ce savoir, ce contact et cette connivence avec soi est une chasse au trésor. Qui le trouve possède une richesse qui ne fera que s'accroître tout en allégeant sa vie. Il ne faut pas croire qu'il puisse être perdu à tout jamais: il n'est qu'enfoui au plus profond de nous où nous pouvons le découvrir, toujours intact. Il n'attend que d'être délivré de la prison où nous l'avions abandonné.

Dans ce voyage à amorcer, chaque étape représente un pas à faire; dans cette aventure, des surprises étonnantes nous sont ménagées. C'est un monde à la portée des bonnes volontés, c'est-à-dire de ceux qui ont décidé de se libérer, de ne plus porter de poids qui n'ont rien à voir avec eux. En bref, à la portée de ceux qui n'en peuvent plus d'être malheureux avec eux-mêmes et avec les autres.

Une pensée
qui ne meurt pas

Il existe des écrivains qu'on ne lit plus, qui ne sont plus à la mode. Leur style nous paraît d'une autre époque, leur langue désuète. Bref, ils ne nous parlent plus, leur pensée n'a pu traverser le temps, elle n'était pas écrite pour toutes les époques. Peut-être avons-nous changé? Nos préoccupations, nos goûts, nos âmes surtout ne sont plus les mêmes.

D'autres, par contre, ne mourront jamais, semble-t-il, et parmi ceux-là, j'aime particulièrement Georges Duhamel*. Cet écrivain intimiste, humain et profond me rejoint au plus creux de moi-même. La langue qu'il utilise me fait rêver. C'est un poète, mais bien enraciné dans le sol qu'il foule. Sa relation avec les êtres qu'il côtoie et rencontre est empreinte de respect. S'il n'arrive pas toujours à les aimer, il se montre intéressé à percer leur mystère.

Je n'ai pas lu toute son œuvre, loin de là; mais, parmi les livres qui me sont tombés sous la main, rares sont ceux qui m'ont déçue ou qui ne m'ont pas donné matière à réflexion. S'il parle d'abondance, c'est que son cœur est débordant. À voir la part qu'il prend des joies et des peines des autres, on ne peut se l'imaginer que rempli de tendresse.

Médecin de profession (et à ce titre, il a été appelé à soigner les soldats blessés durant la guerre de 1914-1918), il ne se satisfait pas de soigner des corps: il guette la lueur dans le regard, le geste qui trahit la détresse ou la reconnaissance. On le voit se soucier de celui qui souffre, de ce qu'il vit et chercher à reconstituer ce qui fait sa vie «avec une pieuse, une ardente patience».

Tirée de son livre *La Possession du monde* (au départ, il explique que possession ici, signifie pour lui reconnaissance et compréhension), une phrase me frappe: «[...] un homme peut se soustraire à l'indiscrétion, il n'échappe pas à l'emprise de la contemplation et de l'amour». Au fil des pages, j'ai le sentiment que cet écrivain était un contemplatif des hommes, de tout ce qui est grand et beau. Méditatif, curieux de tout, il fait bon l'écouter, nous inviter à nous délivrer de nos petites curiosités serviles et: «[...] chanter l'éloge de la grande, de la divine curiosité».

Georges Duhamel n'était pas croyant mais on le sent profondément religieux. La citation suivante le prouve tout en résumant l'homme et sa pensée: «Il ne faut pas perdre contact avec l'univers si l'on veut vivre en état de grâce.»

Une petite rue tranquille

Dans un recueil précédent, je vous ai présenté ma rue. Cette rue, dorénavant, n'existe plus pour moi parce que j'ai déménagé. Au lieu de ce long boulevard tout droit, large et si ahurissant de bruit, j'ai choisi une rue étroite, tout en courbes. D'un air tranquille, elle va son chemin et trace le chiffre six pour aller et le neuf pour revenir. Ou l'inverse, selon la direction que vous prenez.

Avec ses terrains si bien aménagés, ses gazons drus et très verts, ses arbres immenses offrant un gîte sûr aux oiseaux, ses fleurs de toutes les couleurs, on dirait qu'elle est contente d'elle-même, qu'elle est heureuse d'être là. Au long de son parcours, elle ne croise qu'une rue qui porte d'ailleurs un nom de monseigneur. Et pour cause, c'est là que se trouve le presbytère qu'elle lorgne du coin de l'œil et frôle en passant.

C'est une rue coquette, où les maisons se font face sans trop se déranger l'une l'autre. Une rue si peu passante que lorsqu'on entend le son d'un moteur devenu familier, on se dit: «Tiens, voilà X ou Y qui part.» De temps à autre, un beau chien au pelage beige, doux comme un agneau, passe au pas de course, tâchant de rejoindre et de suivre son maître qui le précède en camionnette, histoire de lui faire faire de l'exercice.

Un chat du voisinage vous rend visite sporadique-
ment, miaule, se roule par terre et quête une caresse.
Ou bien, c'est une marmotte – nouvel hôte du quartier – que j'ai vue traversant la rue d'un pas noncha-
lant comme si elle y était chez elle pour pénétrer
ensuite dans une cour voisine. La polissonne ne s'est
pas contentée de dévorer des fleurs çà et là, elle a eu
la lumineuse idée – ou l'impudence – d'élire domicile
sous ma remise.

Comme vous le voyez, c'est une rue où il se passe
peu de choses sensationnelles, une rue bien sage et
qui a l'air de réfléchir. À quoi? À tout. Au bel été
qu'elle vient de vivre, brûlante de soleil, aux soirées
douces qu'elle a offertes aux marcheurs, aux enfants
qui peuvent y jouer sans risque d'accident, à la lune
qui traverse le ciel en riant, aux étoiles qu'on voit
mieux briller parce qu'aucune enseigne au néon ne
vient la déparer et dominer l'obscurité.

Ma rue pense peut-être au temps qui passe, à la
brièveté des jours, à ceux qui demeuraient chez elle et
qui sont partis pour toujours, à toute cette beauté
offerte autour d'elle, ce havre dans notre monde blasé
ou surexcité, fou de vitesse ou plein de fureur et de
violence. Ses pensées sont décousues, tantôt gaies,
tantôt tristes sans doute comme celui qui, malgré
tout, a décidé d'être heureux et dit merci pour tout et
pour rien.

Je lui suis reconnaissante d'être là, ma petite rue
sans prétention et si jolie. Si vous goûtiez, une fois
seulement, l'heure du crépuscule où tout se tait, où le

vent même se tient coi, comme pris de respect et
d'émotion devant un mystère, vous l'aimeriez aussi,
ma petite rue.

Une transparence
à retrouver

Avez-vous déjà soutenu longuement le regard d'un enfant sans baisser les yeux ou ressentir un certain malaise? Ne nous donne-t-il pas l'impression d'avoir percé notre propre mystère, d'avoir lu en nous un secret que nous croyions si bien gardé? L'eau pure de son regard est bouleversante et, tel un miroir, nous renvoie l'image d'un visage que soudain nous découvrons ou n'aimons pas reconnaître: le nôtre, avec ses masques.

Parce que son âme n'a pas encore été atteinte par le mensonge, l'enfant a ce pouvoir de nous faire rentrer en nous, de nous remettre en question. Avant même de prendre conscience de sa pensée et de ses sentiments et de pouvoir les formuler, il sait d'instinct à qui il s'adresse, s'il peut ou non faire confiance. Ce bout d'homme nous a très tôt jugés et comme il est très perspicace, il utilise à son profit la mollesse que nous dégageons ou respecte la fermeté accompagnée de douceur et de tendresse.

Si l'enfant désarme si souvent les adultes que nous sommes, n'est-ce pas parce qu'il a repéré nos faiblesses, notre manque d'authenticité, nos faux-fuyants, nos démissions, et qu'il cherche à nous pousser jusque dans nos derniers retranchements? Pour savoir qui nous sommes et jusqu'où il peut aller. N'ayant pas encore les mots pour l'exprimer, il taira sa découverte mais agira en conséquence.

Pourquoi perdons-nous cette transparence de l'enfance, cette légèreté qui cache une grande profondeur, un tel appétit de vivre et de ne rien perdre du bonheur qu'il anticipe de chaque instant? S'il était superficiel, il ne se poserait pas tant de questions et Dieu sait à quel point un enfant peut questionner la vie. Souvenons-nous!

Si, avec les années, nous avons revêtu cette armure qui enveloppe notre âme, c'est que les expériences vécues nous ont démontré que la vie est souvent dure et la communication avec les autres, difficile, voire bloquée. Nous nous sommes protégés. L'enfant que nous avons été a progressé en acceptant çà et là des compromis pas toujours très graves, mais qui nous ont menés sur la pente du mensonge. Non pas le mensonge en paroles, nous avons le souci de dire la vérité dans la mesure du possible, mais celui, inconscient, qui recouvre souvent nos gestes et nos attitudes comme une poussière grise. Nous n'avons pas tous appris à vivre de la vérité.

Alors, à notre tour, nous portons des masques pour survivre et aussi parce que la vérité demande un courage que nous n'avons pas toujours. D'autant plus qu'elle n'est pas gratifiante sur le moment, même si elle apporte une satisfaction tout intérieure. Peut-être parvenons-nous à vivre dans la vérité après avoir fait un bon bout de chemin avec la soif de la connaître, bien entendu.

Par-dessus tout, il faudrait récupérer son âme d'enfant et ne plus jamais la quitter, mettre autant de ferveur à y revenir que l'enfant déploie d'énergie à grandir.

À l'aube de l'an 2000

Il y a des gens récalcitrants devant certains progrès: j'en suis. Par exemple, je n'ai pas d'ordinateur. Pas d'ordinateur? Quel dinosaure, estimeront certains. Peu m'importe. Pendant trente ans, le cliquetis de la machine à écrire a martelé ma pauvre tête et ponctué mes heures de travail. Je considère que j'ai payé mon écot à la mécanique.

J'aime le halo de silence qui enveloppe le léger grattement du stylo sur le papier; il me rassure, m'apaise et surtout, il n'effraie pas mes pensées qui vont et viennent à leur aise. Je suis convaincue que lui seul peut libérer les mots qui me viennent au bout des doigts en même temps que le sang qui y circule. Ceux-ci se refuseraient à une quelconque transmission par la technologie. D'ailleurs, je n'ai jamais pu composer une lettre intime à la machine à écrire.

En fait, je ne suis pas contre le progrès: je suis pour ce qui me ressemble et ne me coupe pas de moi-même. Me connaissant, je sais que, directement à l'ordinateur, j'écrirais des mots froids et impersonnels quand ce sont des mots de chair que je veux vous dire. Je m'empresse cependant d'ajouter que ceci ne vaut que pour moi; les autres ont le droit de voir les choses autrement.

J'avoue aussi que l'ordinateur me fait un peu peur, dans ce sens que je crains de voir disparaître l'écriture manuscrite, ce jaillissement, ce portrait moral que chacun fait de soi quand il dessine les mots sur le papier. Saura-t-on encore qui on est quand on n'écrira plus autrement qu'au moyen de ce clavier sans musique ou que les relations humaines passeront uniquement par la technologie? Ceux qui font profession d'étudier l'écriture savent l'importance qu'elle a, les signes qu'elle nous fait et l'expression de soi qu'elle permet d'une façon plus directe.

Mes mots à moi ont besoin de mon écriture, «cette petite bonne femme d'encre», pourrait dire Christian Bobin*, pour s'expliquer, se reconnaître, se donner la main et dire leur bonheur d'être réunis, habillés de leurs vêtements de tous les jours. Ils y sont bien. Une fois que je leur ai procuré cette joie, ils acceptent ensuite d'être transcrits. Jamais avant.

Ceci m'amène à vous dire que jamais non plus Internet si utile, si performant soit-il, ne remplacera le livre, ce compagnon si cher que je peux amener partout avec moi. Même refermé, il continue de me parler et m'attend. Nous nous retrouvons comme de vieux amis dans un rendez-vous de silence habité. J'aime son mystère, la réflexion qu'il suscite, la complicité avec l'auteur qu'il me propose parce qu'il a une forme, qu'il a quelque chose de proche, de chaleureux, que je peux tenir entre mes mains et qu'il me parle un langage qui est le mien.

De même pour le disque que j'aime et apprécie mais qui ne m'apportera jamais le bonheur que je connais quand le musicien, à quelques pas de moi, me dit l'amour qui me fait vibrer au même diapason que lui. C'est comme un sang vif et chaud qui coule librement et refait mon âme, sans prise de son sophistiquée, par le seul intermédiaire de ses doigts qui portent son âme.

Variations sages
sur un même thème

Le baromètre fait rarement montre de démesure, sauf quand il s'agit d'annoncer du mauvais temps. Alors là, il y va hardiment. Mais de façon générale, l'excès est plutôt le fait du thermomètre. Avec un aplomb du tonnerre, il n'a aucune retenue et fait des bonds prodigieux de vingt à trente degrés en un rien de temps, vers le bas comme vers le haut. Rien ne le gêne. Nous connaissons bien ce manque de mesure de nos beaux hivers québécois.

Le baromètre, lui, dans nos périodes de beau temps, se maintient d'ordinaire au «variable»; je l'ai rarement vu s'élancer joyeusement dans la section «beau», encore moins dans celle du «très sec». Ceux qui ont inventé cet instrument auraient dû se satisfaire des indications «variable» et «pluie», nous attendrions moins de lui.

Aujourd'hui, par exemple, pas la moindre effiloche de nuage dans ce ciel bleu pâle de fin d'hiver. Mais croyez-le ou non, l'aiguille du baromètre s'oriente à pas lents, sournoisement vers la gauche, ce qui pourrait être de mauvais augure. Comme un oiseau de malheur, elle est toujours prête à laisser planer des menaces d'ennuis. Quel signe le baromètre a-t-il perçu dans l'air? Que craint-il? Qu'on s'installe dans la facilité? Aucune inquiétude, monsieur le baromètre, au Québec, on ne se fait pas d'illusions quant au beau fixe. On n'y croit pas tout simplement.

Mais je dois avouer que mon baromètre m'apprend un peu la sagesse par sa modération et sa lucidité, car à quelques exceptions près, il se tient à mi-chemin entre la raison et la déraison. C'est peut-être bon qu'il me rappelle que s'il fait beau aujourd'hui, demain peut-être sera moins beau et qu'alors il faut profiter de ce qui m'est offert maintenant. Qu'il y a urgence de ne pas laisser se perdre un seul rayon de soleil.

La vie est faite de beau et de mauvais temps et la pensée positive ou magique n'y changera jamais rien. Refuser de voir les aspects difficiles de l'existence n'est pas réaliste; s'y attarder ne l'est pas davantage. C'est ce que je fais des événements qui est important, ce sont les leçons que j'en tire qui comptent.

Alors, bravo à mon baromètre qui me préserve de la démesure, des illusions et de l'optimisme béat. Qui me parle d'aujourd'hui et me dit: demain on verra. Mes prédictions ne sont peut-être qu'alertes vaines d'une sensibilité trop à vif pour cette fois.

Vers un monde meilleur

« Nous sommes tous spécialisés dans l'esquive», dit Christiane Singer*. Nous fuyons ou tentons d'ignorer ce qui semble nous menacer: l'inconnu, en somme. Mais ce n'est pas la seule réaction possible. Il en est une autre, quand la peur s'installe en nous, qui se manifeste aussi spontanément: c'est l'attaque.

Nous ne craignons plus les éléments comme nos ancêtres, parce que nous les connaissons mieux et, à défaut de les maîtriser, nous pouvons au moins en minimiser les effets. Nous n'offrons plus de sacrifices pour apaiser des dieux inquiétants et vengeurs. Nos peurs ont élu d'autres lieux et peut-être d'autres dieux et notre époque torturée se plaît fort à entretenir nos angoisses.

Naissons-nous avec la peur ou l'apprenons-nous? Je n'en sais rien. Je ne sais pas bien, non plus, laquelle de nos peurs, celle du manque, de la souffrance, de la mort ou d'autrui est la plus souveraine. Mais cette dernière, inavouée ou moins consciente parce que plus insidieuse, est peut-être celle qui règle le plus notre comportement et nos attitudes.

Les incompréhensions, les jalousies, les rivalités, les préjugés, ne viennent-ils pas de la peur de l'autre, liée, au fond, à la méconnaissance de soi? Les masques que nous portons en société ont-ils une autre raison d'être que celle de nous protéger des jugements d'autrui comme de son intrusion éventuelle dans l'intimité de notre être? Pour qu'ils n'aient pas de prise sur nous et ne nous rendent pas vulnérables, nous devenons opaques aux autres.

Curieusement, les barrières que nous élevons entre les autres et nous servent aussi à nous protéger contre nous-mêmes. Car si nous osions pénétrer plus avant dans ce monde intérieur un peu troublant, que trouverions-nous et où cela pourrait-il nous mener? L'esquive nous paraît être le salut. La fuite de soi, c'est l'oubli, c'est la culpabilité et la responsabilité éliminées. Une sorte de liberté, quoi!

La crainte de ne pas être reconnus, compris nous rend méfiants, nous isole ou fait de nous des êtres agressifs. Les guerres, petites et grandes, froides ou déclarées sont créées en grande partie par la peur. Établir un pouvoir toujours plus grand pour neutraliser l'autre, enfin. Cette même peur suggère la fabrication d'armes de plus en plus sophistiquées et cruelles que notre siècle peut se vanter de revendiquer.

Pourtant, j'essaie d'imaginer un monde sans peur pour beaucoup plus tard. Pourquoi ne pourrions-nous pas espérer que, même à pas extrêmement lents, nous nous acheminions vers un monde meilleur, vers plus de transparence et de vérité parce que nous serons devenus plus confiants?

Vivre dans la ferveur

Une vie sans ferveur, c'est une vie peinte en gris et enveloppée d'un ennui mortel, où aucun enthousiasme ne vient soulever cette masse de plomb qui écrase et éteint toute flamme. Elle n'est «qu'une attente sans couleur et sans forme». (Christian Bobin*) Une attente de rien cependant, parce que sans ferveur, il n'y a ni désir, ni joie, ni espoir.

Bien des gens, sans doute, vivent ainsi sans passion et cela ne semble pas être un drame pour eux. Ils ne savent peut-être pas qu'ils sont malheureux et ne se soucient pas d'être des automates et non des vivants. Ils existent, oui: ils travaillent, mangent, dorment, zappent et chaque jour refont les mêmes gestes, aux mêmes heures, sans désir de changer quoi que ce soit à ce train-train monotone et uniforme. Leur vie est une longue litanie récitée sur le même ton, sans modulation, sans surprise. Il n'y a que du connu.

Quelque chose ou quelqu'un, un jour, on ne sait trop, a tué la vie en eux ou celle-ci s'est absentée d'eux sans qu'on sache comment et pourquoi. Le savent-ils eux-mêmes? Se sont-ils aperçus, à un moment donné, qu'on les avait amputés de leur âme ou ont-ils préféré l'oubli, la mort lente au danger de vivre éveillés et conscients? Que faudrait-il souhaiter à ces gens? Vivement qu'un événement quelconque vienne les réveiller de leur léthargie, qu'ils soient atteints à l'endroit de leur cœur, de leur âme, resté vivant et sensible mais où personne n'a encore frappé. Qu'ils soient forcés d'ouvrir la porte quitte à ce que la douleur entre en même temps que la lumière et que cette irruption leur donne enfin le goût et le courage de se battre. Mieux vaut souffrir que de ne rien ressentir. Souffrir, c'est encore vivre, ce peut être un stimulant, un révélateur de ce qu'on est et de ce qu'on peut devenir.

La ferveur ne s'apprend pas, ne comporte aucun apprentissage. On la découvre dans la mesure où l'on fait connaissance avec soi et avec le monde qui nous entoure. Quand se produit cet éveil, on lui découvre un visage si beau qu'on ne peut plus vivre sans elle. Ou bien c'est une compagne de toujours ou bien elle fait son entrée dans notre vie à la faveur d'un événement ou grâce à une personne qui a vu plus loin que les apparences, qui a deviné la richesse qui se cachait ou qui avait été enfouie en elle.

Alors, tout éclate comme un bourgeon tout gonflé de sève au printemps et qui n'attend qu'un rayon de soleil plus chaud pour s'ouvrir et donner son fruit. Les vieilles structures tombent, le regard change et le vent tourne. C'est comme une deuxième naissance: on apprend le monde, la grandeur et le prix de la vie, la beauté des gens et des choses. Tout devient possible, même ce que nous n'osions pas envisager.

Une promesse d'avenir

Il n'a que 17 ans. Un corps mince et long, tout en bras et en jambes. Des traits qui ont gardé de l'enfance une candeur et une finesse émouvantes. De ses gestes, de sa démarche, un brin de timidité confère beaucoup de charme à ce jeune homme. Jeunesse simple, spontanée et souriante qu'on a envie d'aimer.

Voilà ce qui apparaît d'abord chez ce musicien, guitariste, j'allais dire de profession, tant on le sent si ce n'est accompli, du moins sur le chemin de l'accomplissement. Son jeu est empreint d'une maturité qui étonne chez un adolescent; mais ce qui frappe davantage, c'est son exquise sensibilité qui jamais ne verse dans la mièvrerie mais nous emporte d'emblée dans un monde où l'on se sent bien. Une technique sûre, ferme, donnant à son jeu une assurance précoce, sans ostentation cependant.

Dès les premières notes, la communion s'établit entre lui et l'auditoire qu'il semble oublier tout à fait par la suite. Nous sommes dès lors conquis et pouvons nous laisser bercer par ce flot d'harmonies, dans cet univers de beauté plein de douceur. Amoureux de son instrument qu'il semble vouloir étreindre parfois, les yeux fermés, S. nous communique sa passion pour son art. Parce que la musique, c'est sa vie et qu'il ne peut envisager de vivre sans elle. C'est la marque la plus caractéristique d'un vrai musicien. Au-delà de ses dons indéniables et malgré ceux-ci, S. demeure un adolescent normal qui aime s'amuser avec ses amis. Ce qui est rassurant pour son équilibre mental et émotif.

De tels moments nous confirment qu'il y a encore une jeunesse belle, vaillante et éprise d'idéal et de beauté. C'est une promesse d'avenir pour notre monde tellement préoccupé de biens matériels, coupé de sa vie intérieure et affective. Ce que nous avons reçu ce soir-là nous confirme que l'espoir est possible.

Je ne sais pas si la musique peut rendre meilleur; tout ce que je puis dire, c'est qu'elle nous donne accès à un monde de transcendance où les mots deviennent inutiles. Elle est pour l'âme, une joie, un accompagnement, un baume pour les moments difficiles. En un mot, elle fait du bien à ceux qui l'aiment et qui en vivent, dans le sens le plus large et le plus vrai du mot.

Une fois la musique entrée dans notre vie, elle n'en sort plus.

La nuit, les chats
ne sont pas toujours gris

J e bénis parfois certains moments d'insomnie, comme ce fut le cas au début d'une des dernières nuits, où j'ai pu entendre, à la radio, de la musique qui m'a profondément touchée. J'ai souvent remarqué que la nuit, l'ouïe est plus aiguisée, le silence et l'obscurité favorisant une écoute plus attentive, plus disponible. Plus rien ne nous distrait de ce que nous entendons. Si j'ai été si émue, ce n'est pas seulement par la qualité de la musique et de l'interprétation qui en a été donnée; il fallait voir aussi dans quelles conditions la première œuvre a d'abord été jouée.

L'interprète était une jeune femme dans la trentaine, devenue presque sourde à l'âge de huit ans. Ce qui ne l'a pas retenue de poursuivre des études de musique et d'acquérir une grande renommée comme percussionniste après avoir raflé quantité de prix. Détail plus que particulier, elle joue pieds nus, ce qui lui permet de saisir les vibrations des sons et du rythme non plus par l'oreille mais par tout son corps. En plus d'un grand talent, de toute évidence, quelle dose d'humilité doit lui être nécessaire pour se présenter pieds nus en public. Devant un handicap apparemment insurmontable pour une musicienne, j'ai songé à Beethoven qui a connu le même drame, bien que plus tardivement dans sa vie. Il a peut-être présidé à la destinée de cette artiste, qui sait!

Quel jeu! C'était net, vivant et senti comme on ne saurait l'imaginer chez une musicienne privée d'un sens aussi important que l'ouïe. À l'entendre, s'est dessiné dans mon esprit le portrait d'une personne vive, joyeuse et décidée. Je n'en croyais pas mes oreilles et béate d'admiration, j'en ai perdu le sommeil pour une bonne partie de la nuit.

Ce qui a suivi m'a saisie aussi, mais différemment. C'était de la musique russe chantée a cappella par un chœur mixte. Des voix superbes et d'une rare justesse, un ensemble d'une telle perfection que je n'ai jamais rien entendu de semblable dans ce domaine. Le petit coin slave de mon cœur a tressailli devant cette musique si belle, qui n'avait besoin d'aucune présentation ni explication pour être comprise et aimée.

Cependant, l'émotion qui m'étreignait n'était pas liée uniquement à la musique bien qu'elle y ait contribué pour une large part. J'ai aussi éprouvé un espoir fou pour le genre humain car, aussi longtemps, me suis-je dit, que des artistes ou des musiciens, pour ne parler que d'eux, nous donneront des instants empreints d'une si grande élévation d'âme et manifesteront autant de courage, de détermination, surtout d'amour, et, en la circonstance d'amour de la musique, rien n'est perdu.

157

L'être humain est capable de si grandes choses qu'on ne devrait jamais désespérer de lui, même dans les moments les plus sombres. Malgré les crises, les drames, les chagrins, les injustices qui ne manqueront pas de se présenter dans sa vie, il se relèvera pour créer la beauté qui sauve. M'est alors revenu en mémoire ce fameux «noyau infracassable» dont parle Christiane Singer*. Je me répète mais peu importe, l'idée est si belle et on a tant besoin d'y croire.

Aussi, je dis merci à la musique qui m'a procuré une si belle joie, une fois de plus cette nuit-là, un bonheur et un espoir qui ne m'ont coûté que quelques heures de sommeil. J'en aurais donné le double pour ne pas les rater.

Des mains de magicien

Je ne résiste pas au désir de vous parler de ces moments de grâce que j'ai connus il y a quelques jours. Mon propos touchera sans doute davantage ceux qui aiment la musique et les musiciens parce que c'est d'eux qu'il sera question. Comme il m'apparaît improbable, vous qui me lisez, que vous puissiez être tout à fait indifférent à cet art, j'ose vous tenir ce propos, espérant qu'il vous rejoindra.

La musique est un sujet difficile à aborder, non seulement parce qu'il touche des régions très profondes de l'âme mais surtout parce qu'il y a danger, en ce qui me concerne, de vouloir paraître compétente quand je ne tiens qu'à vous confier mon émotion. Car je n'ai pas d'autre science que celle du cœur – et encore!

Moments de grâce, dis-je, où nous nous sentons comme aspirés hors de nous, au-dessus de toute contingence matérielle et à la fois très près de notre être intime, où plus rien n'existe que la beauté qui s'offre d'abord à nos sens, que cette joie et ce ravissement que nous n'atteignons que dans des circonstances particulières. C'est une émotion de cet ordre que j'aimerais exprimer.

Tout comme la beauté n'existe que lorsqu'il y a un regard pour la déceler, la musique vit parce qu'il y a des interprètes de talent et sincères pour nous la faire connaître et aimer. C'est de l'un d'eux dont je veux vous parler: un pianiste. Et quel pianiste! Parmi les plus grands et que nous nous sentons privilégiés d'avoir entendu. Lorsque vous avez assisté une fois à l'un de ses concerts, il ne vous quitte plus, vous rêvez de le réentendre.

S'il laisse en vous un souvenir impérissable, c'est non seulement parce que c'est un musicien hors du commun, mais aussi un être charmant, d'une extrême simplicité, soucieux des autres et d'un abord chaleureux. Un être voué à son art mais resté près des autres, sans condescendance aucune. Il ne s'agit ici ni d'un compte-rendu de concert ni d'une quelconque critique musicale; encore moins d'une analyse exhaustive des œuvres entendues. Il n'est question ici que d'émotion et de bonheur.

Je croyais savoir à quoi m'attendre de la part de ce musicien d'une trentaine d'années, l'ayant entendu à quelques reprises. Déjà, à 18 ans – je me souviens de ce grand jeune homme, tout timide encore, qui avait joué le deuxième concerto de Beethoven et m'avait tant impressionnée à l'époque – un bel avenir se dessinait pour lui. Il est devenu ce pianiste remarquable que son talent laissait alors entrevoir.

Que s'est-il passé il y a quelques jours? L'émotion ressentie dépassait en intensité ce que j'anticipais. Ce qui s'est produit au moment où il est arrivé pour saluer avec ce beau et large sourire qui est le sien, où il s'est installé au piano et y a posé ses mains robustes et fines à la fois est de l'ordre de l'indicible: une sorte de courant s'est établi entre lui et l'auditoire, le silence s'est fait dense, est devenu musique avant la musique. Il faut alors parler de communion, le public n'étant que réceptivité, soudé dans l'attente du don à recevoir.

Stéphane Lemelin semble avoir une relation très intense avec son instrument, comme avec un être humain très cher, si je peux me permettre cette comparaison. Il entre en lui-même, on dirait qu'il veut s'effacer pour laisser parler la musique, mais en réalité, tous les deux ne font qu'un: elle, le maître, lui, le serviteur. Pour ma part, j'étais comme envoûtée, fascinée, incapable de détacher mon regard de ces mains, de ces doigts de magicien qui nous donnaient l'impression de créer devant nous les œuvres qu'il interprétait et qui nous paraissaient nouvelles, fraîchement nées de son cœur, de son cerveau. Sous ses doigts soudain avait lieu le miracle.

Un jeu sobre et élégant, une technique si sûre que les difficultés sont un jeu d'enfant pour lui. Mais ce qui, surtout, fait de ce musicien le poète du piano, comme un ami l'a surnommé, c'est son exquise sensibilité, sans laquelle la musique ne serait pas et qui transforme ce qui aurait pu n'être qu'assemblage de notes et de sons, sorte de performance relevant plus de l'athlète que du musicien. Sensibilité raffinée, oui, mais sans mièvrerie aucune.

Concentré dans une ferveur intense, les yeux souvent fermés, penché à certains moments sur son piano dont il semble amoureux, ses lèvres remuent dans un dialogue à peine chuchoté avec son instrument. Dans une telle ambiance, l'auditoire est amené au recueillement, au bord des larmes pour certains, une prière muette au cœur pour d'autres. Nous étions tous conquis et demandions rappel sur rappel presque au mépris d'une fatigue bien normale après un programme généreux.

Je ne sais si ce grand artiste – haut de taille et grand d'âme – est conscient de son pouvoir d'apporter aux autres joie et apaisement; je le crois assez humble cependant pour reconnaître son talent sans tomber dans une sotte vanité. C'est ce qui distingue les vrais musiciens de ceux qui cherchent à épater par des prouesses techniques. Les vrais, ceux qui mettent la musique au-dessus d'eux-mêmes, de leur propre réputation et s'en font les porte-parole.

Ces lignes voulaient témoigner de mon affection et de ma gratitude envers Stéphane Lemelin pour ce qu'il m'a donné, ce qu'il nous a donné lors de ce récital. Ce que je pourrais ajouter ne serait que littérature.

Portrait de femme

Ne vous hâtez pas de mettre un nom sur les traits qui vont se dessiner, de tenter de reconnaître cette silhouette qui, bientôt, sortira de l'ombre et apparaîtra à vos yeux interrogateurs.

Ce qui importe pour le moment, c'est d'y retrouver, à quelques nuances près, des traits familiers, peut-être ceux de votre mère, de votre sœur ou d'une amie. Car cette femme qui s'avance, pensive et conquérante à la fois, est capable de toutes les amours, de toutes les tendresses.

Sensible à l'extrême, l'émotion à fleur de peau, elle est musicienne jusqu'à la fine pointe de son âme. Son instrument, c'est son compagnon, son proche, son confident; il l'a accompagnée jusqu'au bout du monde autour duquel ils ont tous deux tourné plusieurs fois, soudés l'un à l'autre. Et c'est la voix chaude et poignante de son violoncelle qui lui a permis de chanter partout son amour de la musique et de dire la beauté et la douleur du monde.

Cette femme toute ronde est directe, incapable de mensonge, ce qui parfois la rend abrupte. Si elle choisit de se taire pour ne pas blesser, c'est tout son visage, tout son corps qui parleront. Sa générosité, débordante, n'a d'égale que la tendresse dont elle

enveloppe famille et amis. Car sous ses airs d'indépendance, de grande autonomie, se cache un cœur
assoiffé d'affection, un cœur reconnaissant pour la
moindre attention, on pourrait dire jusqu'à l'exagération. Et sous ces airs d'indépendance, se cache une
incertitude, une insécurité affective qu'elle ne
s'avoue pas toujours.

Quelle spontanéité et quelle énergie! De quoi
essouffler son entourage. La sagesse? Elle n'en
connaît rien ou si peu, et d'ailleurs, elle ne semble pas
la rechercher outre mesure; la fantaisie a meilleur
goût pour elle, c'est son élément, son terreau, là où
elle est à l'aise, toujours en train d'élaborer quelque
projet, de proposer une sortie, un concert, de
concocter un voyage. Si ses amours vont d'abord à la
musique qui remplit sa vie à ras bord, elle trouve le
moyen d'y ajouter un goût marqué pour l'histoire,
l'architecture, les antiquités et les arts en général.
C'est une tornade!

Si les êtres peu banals vous intéressent, regardez-
la vivre: vous aurez matière à réflexion sur la diversité des comportements humains. Femme extra-
vagante, oui, mais combien émouvante et amusante.
Si bien que vous lui pardonnerez ses «absences». Elle
parle d'abondance sans vous écouter, ne répond plus
à vos questions ou n'entre plus dans la conversation,
soudain. Ne lui en voulez pas trop, ce n'est pas là
manque de courtoisie ou d'intérêt de sa part, elle ne
vous entend plus pour la bonne raison qu'elle n'est
plus là. Elle déambule sur les sentiers de ses souve-

nirs, de ses rêves ou se noie dans un chagrin qui sape pour un moment sa joie de vivre. Elle ne laisse pas souvent monter sa peine, sauf si vous l'aimez. Cette marmite sous pression laisse sortir la vapeur dans ces escapades. Elles lui servent de soupape.

Lyse est la mère, la sœur, l'amie. Comme beaucoup de ces femmes aimantes, accueillantes et chaleureuses, son âme est un jardin. Et dans quelque endroit de choix de ce jardin d'amour, il y a, choyée et protégée, une fleur qu'elle aime et qui vous ressemble.

Les yeux d'Évelyne

Deux lacs profonds. Une eau pure comme une pierre précieuse, insondable comme la mer, mystérieuse et changeante comme elle. Deux fenêtres par où la vie entre à flots et que rien ne peut endiguer. Regard tantôt rieur et plein de lumière comme seul sait l'être le regard d'un enfant. Tantôt serein, tantôt tumultueux. Alors y passent des ombres semblables à des nuages imprévus dans un ciel bleu. Des ombres venant on ne sait d'où et qui s'en iront, on ne sait ni quand, ni pourquoi, ni comment.

Des yeux si beaux et si pleins d'interrogations, où s'attarde parfois une brume de mélancolie douce, pleine de mystère dans lequel baigne l'enfant comme en un pays connu et familier. Mélancolie qui n'a pas encore de mots pour se dire et se mêle aux rires, aux jeux, aux élans de joie pour laisser entrevoir un cœur qu'on pourrait si facilement meurtrir un jour. À la moindre atteinte, on le voit bien déjà, il se retire et cherche son apaisement dans le silence ou les histoires pleines d'amis et même de monstres qu'Évelyne s'invente et se raconte interminablement. Les uns la consolent peut-être tandis que les autres servent d'exutoires à ses colères ou à ses peurs. Ce monde imaginaire et poétique est son univers.

Qui sait attendre et prendre le temps d'apprivoiser cette enfant, découvrira un trésor de spontanéité émouvante, de tendresse débordante. Petit visage offert, corps sans cesse en mouvement, toujours prête à aimer, elle va d'instinct vers ceux qui l'aiment. Quelle sensibilité frémissante, à l'affût de l'émotion, de la découverte. Vous entendez ce rire qui saisit si vite le cocasse et fuse, clair et perlé? Ce rire vous met le cœur en fête ou vous le fait fondre littéralement.

L'émerveillement d'Évelyne devant la vie vous jette votre enfance en plein visage, en plein souvenir. Un être fragile et terriblement attachant que la vie et les autres n'ont pas encore usé ni brisé.

Préservée de l'ennui et enveloppée dans un cocon d'affection, cette petite fille de bientôt quatre ans est tout en contrastes: timide et volontaire – ô combien! – capable d'être bruyante et pourtant redoutant les bruits extérieurs, aimante et par ailleurs un peu sauvage. Ne l'approchez qu'avec précaution et à pas lents, sinon vous allez l'effaroucher. Quand elle sera prête, elle viendra bien à vous.

Dans les yeux d'Évelyne, ce petit bouffon, on voit tout: l'intelligence si vive, l'esprit pétillant, le désir de connaître. Tout le possible y est offert: il n'y a qu'à le cueillir.

Ne te presse pas trop de grandir, Évelyne. La vie est belle et bonne pour toi, prends-la aujourd'hui à pleines mains pour apprendre le bonheur. Demain viendra en son temps. Emmagasine toute la beauté et la joie du monde pour que le mal et la laideur qui rôdent sans cesse n'aient pas de pouvoir sur toi. Sois heureuse, c'est ton droit.

L'enfant ou la vie ressuscitée

Qu'est-ce qui nous tient hors du temps quand on regarde jouer un enfant? Suspendus aux gestes et aux mimiques de ce petit être intrigué et émerveillé par la moindre des choses, nous ne voyons pas filer les heures. Parce qu'il est neuf devant la vie qui s'ouvre à lui, il la ressuscite devant nos yeux.

C'est sans doute cette fraîcheur qui nous le rend si émouvant et nous fait retrouver à travers lui les petits bonheurs simples qu'on avait oubliés ou même dédaignés. Avec le plus grand sérieux et sans se lasser, il emboîte des objets les uns dans les autres, ouvre et ferme une boîte. Qui sait, peut-être éprouve-t-il la joie d'un savant qui vient de percer un mystère?

Il est tout le possible à venir. De l'explorateur, il a la curiosité, le goût de l'aventure, de la découverte. En lui, un futur ingénieur élabore des plans. Derrière ses gestes apparemment malhabiles, pourtant si adroits pour son âge, on peut déceler l'homme de métier. L'artiste en herbe s'enchante des couleurs, les sons le ravissent et le font danser de joie.

Il lui arrive de s'impatienter parce qu'il se sent impuissant devant certains obstacles: c'est là qu'il apprend ses limites. Bien compris et dirigé, il sortira de son enfance confiant et, devenu adulte, il saura mesurer ses défis et ses capacités parce qu'il aura appris à se connaître.

Mais c'est le créateur qui se dessine le mieux à travers l'enfant. Il délaisse les jouets les plus sophistiqués pour des babioles: avec des riens, il invente le monde. Il construit des châteaux avec du sable, des jardins avec une pelle. Une balle qu'on lui lance et qui retombe le met en contact avec l'univers et les lois qui le régissent.

L'enfant est l'homme de demain. Son enfance le prépare à cette responsabilité et c'est pourquoi on n'a pas le droit de la lui voler. Il en souffrira toute sa vie. Amputé de cette étape de son existence, il aura du mal à être ce qu'il doit devenir et cherchera constamment à récupérer son âme.

Un petit enfant est toujours attendrissant par son innocence, sa gaucherie aussi. Mais l'émotion qu'il suscite cache l'enfant que nous avons été et qui voudrait bien se faire entendre et vivre: que ce soit pour soulever de doux souvenirs ou pour pleurer ce qui n'a pas été.

Laissons l'enfant à son enfance et préservons-la: il en a besoin pour grandir.

Stéphanie et les fleurs

C'est touchant de voir une petite fille d'à peine plus de trois ans aimer follement les fleurs. Elle semble les aimer toutes et sait dénicher les plus humbles, les plus minuscules, si bien qu'on se demande comment elle a pu les apercevoir. Elle en cueille un peu partout et, souvent, la motte de terre qui les nourrit vient avec la tige. Ces fleurs ne coûtent rien, elles sont sans prix.

Ce soir-là, elle a cueilli une petite pensée sauvage qu'elle a tenue religieusement entre ses doigts tout au long de notre promenade. Si elle devait me la confier pour une raison ou pour une autre, c'était avec force recommandations de ne pas la jeter. Au retour, elle l'a offerte à sa mère comme un cadeau précieux.

Geste émouvant qui dénote, chez une si petite fille, une âme sensible au beau, un cœur tendre et généreux. Geste gratuit d'un petit poète en herbe qui n'attend rien en retour que de voir le plaisir et le sourire de sa mère. Un instant plus tard, elle avait oublié son don pour courir et jouer comme tous les enfants de son âge.

Cours, danse et chante, Stéphanie, dans quelques années, tu ne seras peut-être plus la même. Cette spontanéité te quittera-t-elle ou sauras-tu préserver cette fraîcheur des petits qui fait tant de bien aux grands, les console des duretés de la vie, rachète leurs calculs et les réconcilie avec l'humanité si décevante à certains égards?

Même si les enfants mettent la patience de leurs parents à rude épreuve bien souvent, ils méritent le respect: ils sont l'espoir et la joie du monde. Comme bien d'autres, Stéphanie, cette petite fille timide et secrète, observe les adultes avec beaucoup d'attention et ne livre son sourire que lorsqu'elle est sûre d'eux. Mais quand il fleurit, c'est la fête sur son visage. Tout s'éclaire, la confiance s'installe et la partie est gagnée. Mais à vous de jouer franc- jeu.

Je crois qu'on ne peut longtemps tromper un enfant, il a tôt fait de savoir de quel bois se chauffent les adultes. Peut-il déjà raisonner, si jeune, ou se laisse-t-il guider par ses sentiments uniquement? Qui peut le savoir?

Seras-tu une artiste petite fille? Tu sais, pour être un artiste, il n'est pas indispensable d'être poète, musicien ou peintre de profession. Il faut d'abord avoir au cœur le goût du beau qui peut si bien transformer la vie et donner du sens à ce qui semble ne pas en avoir.

On peut exister sans la musique, la peinture, les œuvres d'art en général, les fleurs et la nature; mais en être amoureux fait vivre et peut sauver du désespoir. Cela ajoute de la saveur à nos jours comme le sel rehausse la saveur des aliments.

Stéphanie, continue de dire ton amour des tiens et de la vie avec des fleurs. Elles parlent et disent à leur façon ce qu'on ne sait exprimer avec des mots.

Deux petits bras
autour de votre cou

La période des fêtes favorise les rencontres de famille et de ce fait, permet de goûter la présence des enfants qu'on voit peu en temps ordinaire. Les distances qui nous en séparent sont parfois très grandes. Alors, s'associer à leurs jeux et pénétrer dans leur monde à la fois si simple et si mystérieux multiplient notre plaisir. Leur joie nous lave l'âme.

Vous avez, ces jours derniers peut-être, joué à cache-cache avec une petite fille de deux ans, mignonne à souhait et pleine de vie? Si c'est le cas, vous savez ce qu'est la candeur de cet âge, surtout si cette même petite fille vous annonce, avec un air de mystère, qu'elle va aller se cacher dans la salle de bains.

Avez-vous passé de longs moments à lancer une balle qui revient n'importe comment sans que vous puissiez prévenir le geste maladroit qui vous la renvoie? À monter sans cesse le ressort du jouet Père-Noël qui marche? À rallumer patiemment, à la demande de l'enfant, des chandelles qu'elle ne se lasse pas de souffler? Vous avez connu sans doute la joie de vous amuser de tout et de rien et retrouvé une enfance enfouie au tréfonds de vous depuis plus ou moins longtemps et que tous vos efforts ne parviendraient jamais à sortir de l'oubli.

Vous n'avez pas raconté l'histoire du petit Jésus, des bergers, des Rois mages, mêlée à celle du Père Noël qui s'en vient en traîneau, apporter les cadeaux tant désirés? Dommage. Car vous avez raté la chance inouïe de vivre la simplicité de l'enfant, son intimité avec le mystère qui, non seulement ne le trouble pas, mais le ravit. Son imagination féconde le rend familier de la poésie et du rêve, aptitude souvent confondue avec le mensonge.

Toutes ces activités peuvent paraître fastidieuses ou simplement perte de temps à certains adultes trop graves, blasés ou très occupés. Mais ils ne sauront jamais ce qu'est le regard émerveillé et lumineux d'un enfant qui découvre la vie. Quelle récompense! Bien sûr, l'énergie débordante du lutin a de quoi essouffler les moins jeunes; mais il sera toujours temps de lui proposer son émission de télévision préférée pour le calmer. Le temps qui passe emporte avec lui ces instants précieux et rafraîchissants, si nous n'y sommes pas attentifs.

Et quand la petite fille consentira enfin au sommeil et laissera tomber sa tête contre vous, vous éprouverez un tel attendrissement que vous n'oserez pas bouger de crainte de perdre une seule parcelle de ces beaux moments. Pendant que les parents se reposent, la gardienne d'un jour retrouve une fraîcheur oubliée.

Le petit bouffon réveillé, deux petits bras entourent votre cou pour un au revoir. Le quotidien reprend ses droits et vous rend à votre solitude. Mais la grâce est passée par là.

Salut petits amis!

Quelle ne fut pas ma surprise en ce matin du début de la semaine, de voir arriver et se masser autour de la mangeoire, tout un clan de roselins, mâles et femelles. Surprise en effet, car tous les oiseaux avaient déserté les lieux depuis de longs mois pour se réfugier sans doute dans la forêt et y chercher protection contre le froid et le vent.

C'est quasiment un miracle que d'aussi minuscules créatures puissent survivre dans notre froidure. Ma joie en est décuplée, car je n'espérais pas les revoir avant maintes et maintes semaines. Postée à la fenêtre, je les observe en tâchant de rester immobile le plus possible pour ne pas les effrayer et les faire fuir.

Par dizaines, ils ne sont qu'ailes battantes et tournoyantes, ces beaux volatiles roses et gris brun. Ils se chamaillent, se «poussaillent», se volent leur place, picorent, s'envolent, reviennent, se cognent à la fenêtre dans leur excitation, vont se percher dans le bouleau, tout près, d'où ils surveillent leurs congénères. On dirait que l'arbre est en vie et tout joyeux.

Un peu plus loin, une mésange attend patiemment son tour, discrète et mignonne petite boule de plumes dans son plastron roussâtre. Quand elle pourra prendre son déjeuner elle aussi, peut-être lancera-t-elle son cri de gorge si amusant et si étonnant venant d'un être aussi petit.

Quel bonheur de les revoir après une absence prolongée qui m'avait laissée déçue et triste. Peu m'importe que leurs manières laissent à désirer – ils éparpillent les graines tout autour en farfouillant dans la mangeoire – car ils me font un beau soleil même par temps gris et me laissent entrevoir un retour à la vie. J'aime voir dans toute cette animation un signe même lointain, du printemps en marche, ce printemps de chez nous toujours indécis, qui avance et recule comme s'il ne savait trop que faire au juste. Mais n'anticipons pas, il viendra à son heure. Que le temps ne passe pas trop vite!

En tout cas, cette visite a éclairé toute ma journée. Je vais l'entamer du bon pied et de fort belle humeur. Salut, petits amis qui égayez mes heures. Chez moi, vous êtes chez vous et mes déjeuners seront une fête en votre compagnie. Car j'espère vous retrouver demain et les jours suivants, attablés devant ma fenêtre. C'est un rendez-vous, ne l'oubliez pas.

Merci, petits oiseaux si beaux. Avec les enfants, vous êtes l'image d'un monde de fraîcheur et d'innocence au sein d'un autre monde si souvent désolant: celui des adultes.

Un oiseau messager

Depuis quelque temps, une sittelle vient donner du bec contre la brique de la maison. Au début, j'ignorais d'où venait le bruit qu'elle faisait. Hier, je l'ai repérée: la tête en bas, elle descendait le long de la fenêtre et ses coups répétés m'auraient donné l'illusion qu'on frappait à ma porte, si je ne l'avais aperçue.

Son manège m'a étonnée et amusée: visait-elle à aiguiser son bec ou à casser une graine, je n'en sais rien. Toujours est-il qu'au bout de quelques instants, elle s'est envolée. Peut-être reviendra-t-elle dans deux ou trois jours, et comme à son habitude, refera la même manœuvre.

Je ne sais trop pourquoi ma sittelle m'a fait penser au bonheur qui vient et qui s'en va, peureux, fragile et libre comme l'air, lui qui est toujours sur le point de nous quitter. Porteur d'un message qu'il faut saisir sans hésiter car, comme l'oiseau, il s'envole aussitôt.

Qu'est-ce qui l'oblige à s'enfuir ainsi comme s'il voulait tout juste nous frôler et nous laisser la nostalgie de son passage? Est-ce nous qui ne savons pas le retenir, instables et changeants comme nous le sommes parfois, insatisfaits aujourd'hui de ce qui faisait notre bonheur hier? Pourtant, sur ce point, il semble qu'avec les années, c'est l'inverse qui se produit: conscients de la brièveté de l'existence, nous savons mieux goûter les bonheurs de la vie quotidienne qui nous viennent des choses simples. Nous lui demandons moins.

Bonheur, liberté, deux mots qui résument tous nos désirs et notre attente en ce monde. Mais le bonheur est-il vraiment libre? La liberté ne veut pas de chaînes et nous, nous accrochons souvent notre bonheur à un quelconque sentiment de propriété: santé, richesse, pouvoir ou réussite. Nous attendons des autres qu'ils nous donnent ce qui nous manque parfois bien douloureusement.

La joie, seule, peut déployer ses ailes sans contrainte. Mais nous lui prêtons un air austère parce qu'elle exige le détachement. Pourtant, ce n'est pas l'austérité qui la suscite, mais l'abandon; ensuite, c'est l'amour qui la fait vivre. Elle nous invite à aller plus loin que nos chagrins, plus loin même que nos bonheurs.

Nos amours sont peut-être trop souvent synonymes de possession pour que nous accordions à la joie la place qu'elle requiert, elle qui a le visage et le souffle de la liberté. Faut-il avoir beaucoup vécu pour la posséder? Plus que du nombre des années, c'est d'une porte entrouverte dont elle a besoin.

L'oiseau de feu

Il y a quelques jours, un merveilleux oiseau est venu se percher dans mon arbre. Comme par hasard, je me trouvais tout près de la fenêtre et j'ai vu se poser cette splendeur de la nature qu'est le cardinal. J'en avais le cœur battant de surprise et d'émotion et je me suis entendue le prier de rester, comme je le ferais lors de la visite inattendue d'une personne chère.

J'aurais voulu qu'il vienne jusqu'à la mangeoire afin de pouvoir l'observer plus longuement, de connaître ses habitudes et ses goûts pour l'apprivoiser peu à peu. Au bout de quelques secondes, mon visiteur impromptu s'envolait. Sur le moment, cependant, j'en ai été tout attristée quoiqu'il ait laissé en moi son empreinte, le souvenir de son plumage de flamme, symbole de la beauté du monde.

Il reviendra peut-être mon cardinal, cette fleur, ce vagabond rouge du ciel, faisant comme une tache de sang sur la blancheur impitoyable qui enveloppe tout le paysage. Une blancheur qui n'en finit plus de s'étaler, de s'enfler, de nous voler le soleil et le ciel bleu.

En me quittant, mon oiseau de feu m'a laissée pensive et, par une étrange association d'idées, je me suis dit que la joie et la tristesse ont quelque chose en commun, même si par ailleurs elles s'opposent. Quand elles passent et voient une porte ouverte, elles entrent sans crier gare et se posent sur notre cœur, notre âme, comme l'oiseau sur la branche qu'il va quitter aussitôt s'il n'y trouve pas son avantage. Ces deux états d'âme ne peuvent cohabiter. Mais ils se partagent souvent notre maison, tour à tour l'envahissant et la désertant.

Au cœur de nos nuits sans étoiles, une lueur apparaît à l'occasion, fugitive, pourtant suffisante pour nous convaincre qu'il y a un espace réservé à autre chose qu'à la tristesse ou à l'adversité, une trace de lumière dans le ciel noir.

Le bonheur étant, par définition, un état de satisfaction intérieure durable et sans faille, est-il possible d'être heureux malgré tout, sachant nos moments de bonheur très précaires? Quand je vois la détresse, la souffrance de tant d'êtres humains, je veux croire qu'il y a non seulement un devoir mais une urgence d'être heureux, de créer de la joie pour soi et pour les autres. Car plus celle-ci occupera de place, plus le malheur sera forcé de reculer.

C'est le message que m'a laissé la visite brève mais combien porteuse d'espoir de mon bel oiseau couleur de sang, de vie.

Le bonheur de Sophie

Je m'appelle Sophie. Bien joli nom que je ne suis pas sûre de toujours mériter. Car d'après ma courte expérience, il me semble que les Sophie sont dociles, ce qui est loin d'être mon cas. Vous en jugerez par vous-même si vous lisez la suite.

J'ai un an. Je suis très grosse et grande pour mon âge, noire et frisée comme un mouton. Là encore, je n'ai rien en commun avec la race ovine, moi qui n'en fais qu'à ma tête. Et je vous prie de me croire qu'une tête de caniche n'est pas facile à mâter. Parlez-en à ma maîtresse.

Cette dame qui m'a adoptée m'aime à la folie malgré tout et je lui rends bien son affection. C'est le bonheur parfait entre nous… quand nous sommes seules. Mais vous devriez voir quel tintouin je fais quand nous sortons pour une promenade ou lorsqu'une visite arrive.

Que voulez-vous? J'aime le monde et je le manifeste avec un enthousiasme de chien. Ce qui n'a pas l'heur de plaire à ma maîtresse qui trouve mes démonstrations un peu trop délirantes. Pourtant, je ne mords pas, je ne veux que poser mes pattes sur les épaules des gens et leur lécher le visage en signe de bienvenue. Le croiriez-vous? On va jusqu'à m'enfermer dans la salle de bains pour calmer mes transports jugés trop bruyants. J'ai beau gémir comme une damnée, rien n'y fait.

En promenade, là encore c'est la folie furieuse. Je tire sur ma laisse, je voudrais être libre de gambader à droite et à gauche. J'épuise ma maîtresse et je fais peur à tout le monde, si haut juchée sur pattes noires comme encre. On croit que je suis féroce quand je n'ai que de bonnes intentions et ne demande que de l'affection. Comme on peut se méprendre sur les désirs des autres. Mais on dirait que les gens ne veulent pas qu'on les aime trop. Ils sont méfiants et semblent se demander où cela va les mener.

En se tenant loin, ils évitent les problèmes. Mais c'est une hypothèse de chien trop affectueux, je me trompe peut-être. Pour en revenir à ma maîtresse, je dirais qu'elle est bien spéciale. Elle me fait confiance et croit qu'avec le temps, je m'assagirai. Elle se fâche bien de temps à autre, mais les caresses et les déclarations d'amour qui suivent viennent tout réparer.

Comment prendre la décision de changer quand tout finit bien? La fête de tous les jours vaut bien quelques petits séjours dans la salle de bains. Qui parle d'une vie de chien? Moi, je suis heureuse de la mienne. Quand je compare mes petits tracas aux vôtres, je trouve banales les quelques échauffourées qui se produisent à l'occasion et je savoure les heures comme de grands bienfaits, le menton appuyé sur le sol et les yeux dans le vague.

Une vie de chien

Deux yeux bruns aux paupières tombantes. Des yeux quémandant l'affection et l'attention. Un regard inhabité et pourtant empreint d'une sorte de mélancolie sans fond qui revêt parfois une intensité quasi humaine. Humble et suppliant.

Ce qui frappe le plus après le regard, ce sont deux longues oreilles au poil brun qui semblent balayer le sol tellement elles pendent et s'agitent. De vrais battoirs. Puis, le corps souple et musclé, toujours en mouvement ou presque, au pelage demi-long, blanc tacheté de brun. Racé, beau et fou à lier. Tel est Goliath le chien. Mais la fronde de David serait bien inutile devant ce bon toutou, doux et inoffensif.

Goliath est bien mal élevé cependant: brouillon, maladroit, il n'a aucune discrétion. On dirait qu'il a toujours besoin de se faire remarquer de peur d'être oublié. Tout ce qu'il fait, il le fait bruyamment. S'il boit, il éclabousse tout autour de lui, s'il mange, il le fait salement et on peut l'entendre «saper» sa nourriture à distance; s'il dort, le voilà qui ronfle. Si on le sort, il s'élance à corps perdu dans une course folle comme s'il s'engageait dans un cent mètres olympique.

Des manières déplorables, mais un trésor de tendresse et de fidélité. Sans aucune fierté, sans faux-semblant, il n'est que besoin et attente. Si on pouvait lui prêter des sentiments humains, on dirait qu'il est prêt à donner le reste de ses jours pour une once d'affection.

N'a rien vu celui qui n'a pas assisté au retour de celle qui l'a adopté et le chérit presque à l'égal d'une personne. Alors là, Goliath ne sait plus où se jeter: il saute, court, jappe. Goliath frémit et tremble de bonheur. Goliath goûte la perfection du bonheur. Finies les longues heures de solitude où s'exprime sa détresse par des hurlements à fendre l'âme, où ses tentatives pour ouvrir une porte le coupant du monde extérieur sont aussi désespérées que vaines. Repu de caresses et de jeux et enfin calmé, il s'écrase aux pieds de sa bien-aimée et la regarde amoureusement, menton au sol.

Ce besoin de la compagnie des humains, la constance de son attachement pour ses maîtres rendent le chien très proche de nous. Dépendant et vulnérable, il peut aussi devenir une victime, un souffre-douleur. Goliath, lui, peut dormir sur ses deux oreilles et couler des jours heureux: il est très bien entouré.

Une mouche traquée

Prise entre la moustiquaire et la fenêtre extérieure, elle n'a plus d'issue et le monde du dehors lui est interdit. De la fenêtre refermée sur le vent frais de ce matin, j'ai fait, sans le savoir, sa prison. La chaleur de la maison, des odeurs de cuisson peut-être ont été les appâts qui l'ont piégée. Sans parler de son insolence et de ses mauvaises manières, car elle est toujours là où on ne la veut pas.

Depuis hier, sans doute, elle erre autour du même carreau, monte, descend, suit le cadre de bois, s'arrête comme pour réfléchir à son sort et recommence son inlassable et ridicule manège. D'ailleurs, elle met la même ténacité, la même obstination à nous harceler sans la moindre fierté. On la dirait dotée d'un esprit mauvais qui ne cherche qu'à faire du mal sans retirer aucun bienfait de son harcèlement.

J'observe cet insecte tant détesté, tant poursuivi, cette mouche infernale, porteuse de maladies qui hante nos étés et nos maisons. En ce moment, son astuce proverbiale ne lui est d'aucun secours. Sa vie dépend de ma volonté.

Elle a l'air, la lumière mais peu d'espace. Est-ce qu'une mouche peut s'ennuyer? Que peut-elle ressentir ainsi traquée? Dans son interminable trajectoire, elle inspecte inlassablement les lieux, cherchant désespérément un espoir de fuite. Ses ailes ne lui servent à rien. Elle qu'on dit si fine, pourquoi ne change-t-elle pas de carreau? Mouche stupide!

Quand j'en aurai fini avec elle, j'entrouvrirai la fenêtre. Mais son destin reste précaire: une toile d'araignée, le bec d'un oiseau ou le tue-mouches d'une personne excédée régleront le cas de cette misérable créature que j'ai du mal à croire comme faisant partie du plan de Dieu.

En fait, était-ce nécessaire que vive une telle créature comme tant d'autres dont on regrette l'existence? Il y a de si bonnes choses à manger, pourquoi les oiseaux et les insectes qui s'en nourrissent ne trouvent-ils pas un autre mets, plus délectable à se mettre sous la dent?

Je n'avais plus rien à dire sur elle et l'ai laissée partir vers d'autres cieux, d'autres lieux. Je l'ai livrée à ses prédateurs et la chaîne alimentaire suivra son cours comme il se doit.

Quand la jalousie
s'en mêle

Le «pommettier» au fond du jardin, a une drôle
d'allure: il étire un cou curieux comme s'il
cherchait à voir ce qui se passe autour ou dési-
rait trouver un meilleur endroit pour vivre. Il penche
vers l'avant et tend toutes ses branches dans la même
direction, seule face de sa personne qui est rejointe
par la lumière: celle du soleil de l'après-midi.

Néanmoins, au printemps, il lui pousse des fleurs
en quantité non négligeable, puis les petits fruits les
remplacent à l'avenant. Mais à l'arrière, il n'offre que
branches sèches et feuilles jaunissantes qui finissent
par joncher le sol précocement et que j'enlève pour
qu'il n'ait pas honte de lui.

Quand les fleurs tombent, je me répète chaque
année que cet arbuste n'est ni beau ni en santé et que
je devrais peut-être le faire couper. Mais le printemps
suivant, je me laisse encore séduire par cette nouvelle
floraison rose. Et mon «pommettier» tout voûté reste
à son poste, si embelli que j'en oublie sa misère.

Chose étonnante cette année, ses petits fruits
rouges qui, d'ordinaire, à l'automne, attirent et font la
joie de certains oiseaux, pendent aux branches,
boudés et désertés par la gent volatile. Je ne

comprends vraiment pas mon petit «pommettier»: est-ce parce que ce n'est pas moi qui l'ai planté? Il ne semble pas heureux là où il est. L'arbre de ma voisine lui porterait-il ombrage, serait-il jaloux? Pourtant, ils s'accompagnent depuis tant d'années, ils devraient s'être faits l'un à l'autre. C'est vrai que l'érable est vigoureux et élance sa cime bien haut dans le ciel, tandis que mon «pommettier» est tout rabougri. Il se sent peut-être humilié.

Quand je m'approche de lui, je le sens malheureux, sauf au printemps où il reprend confiance en lui. Il lui arrive même de bougonner et de me menacer de dépérir pour de bon si je ne le transporte pas ailleurs, là où il jouirait du soleil tout au long de la journée.

Je ne lui ai pas fait de promesses car ce serait un déménagement fort onéreux et peu assuré d'être fructueux. Alors, je fais mine de ne rien entendre de ses récriminations et lui donne les soins nécessaires à son état.

Mon vieux, lui ai-je dit, il faut te satisfaire de ce que tu as. On ne peut tout avoir à la fois: être beau, grand, fort, en santé et porter fleurs et fruits sans inconvénients. C'est la loi de la nature.

Une histoire de vie

J'aimerais vous raconter une histoire qui m'a particulièrement touchée. Sous ses allures un peu échevelées, elle vous paraîtra invraisemblable peut-être. Oui, mais si vous entrez dans sa fantaisie et laissez vagabonder votre imagination, vous verrez que les images si belles qu'on y trouve traduisent une réalité que chacun de nous a eu ou aura à vivre tôt ou tard, quelles qu'en soient les circonstances. Une histoire triste parfumée d'un humour à l'anglaise absolument délicieux, tendre et tout en demi-teintes. Un humour qui fait sourire à travers les larmes. Et si je commençais par...

Il était une fois une jeune femme mariée à un homme qu'elle aimait passionnément. Un jour, Jimmy, son mari, consulte un médecin pour un mal de gorge. On lui fait passer un examen sous anesthésie dont il ne revient pas. Nina est pétrifiée et n'arrive pas à croire que son Jimmy soit mort, qu'il ne sera plus jamais auprès d'elle. Elle s'enferme dans sa douleur, dans sa solitude. Elle pleure sans cesse, partout, n'importe quand. À bout de résistance, elle se décide à suivre une thérapie. De la négation de la mort, elle passe à la rage, à la révolte, à la rancune contre Jimmy. Elle lui en veut de l'avoir abandonnée et crie sa haine. Sans trop le savoir, elle entreprend sa guérison. Une guérison longue et tumultueuse.

Un jour, en pianotant un air de Bach que Jimmy jouait au violoncelle, la présence de son mari se fait si dense qu'en se retournant, elle se retrouve en face de lui. Stupeur, joie folle: elle se rue sur lui, crie, pleure et rit. Il est revenu, lui dit-il, parce qu'il ne pouvait plus la voir souffrir ainsi. Alors commence une période d'euphorie: Nina oublie son travail, les heures, les jours, ne répond ni au téléphone ni à la sonnette de la porte d'entrée. Elle est toute à son bonheur d'avoir Jimmy avec elle. Puis le quotidien reprend ses droits: elle doit retourner au travail où ses collègues se meurent d'inquiétude. Mais c'est Jimmy qui l'y pousse.

Cependant, chaque soir à son retour, elle constate que Jimmy a pris des libertés: les meubles, les tableaux, les bibelots sont déplacés, les tapis roulés pour être jetés. Il fait du ménage. Nina est agacée, mais proteste à peine. Un jour, Jimmy fait déborder le vase en lui annonçant qu'il a invité des «copains», une dizaine, qui s'installent et envahissent la maison. Elle n'en peut plus et fait une colère: elle ordonne à ces intrus de quitter sa maison. «Jimmy, étais-tu comme cela quand...?» lui demande-t-elle sans pouvoir terminer sa phrase. Elle ne comprend pas encore qu'il veut la détacher de lui.

Peu à peu, les yeux de Nina s'ouvrent, elle reprend pied dans la réalité. Son Jimmy avait aussi des défauts. À la demande de ce dernier qui la sent enfin prête à franchir cette étape de son deuil, elle accepte en tremblant qu'il la quitte pour de bon. Et ce qui vient confirmer son besoin de vivre à nouveau, c'est d'avoir tenu dans ses bras le fils nouveau-né d'une amie. Elle comprend que la vie, plus forte que tout, va s'emparer d'elle mais elle ne sait trop comment.

Hésitante et encore douloureuse, elle accepte l'amour d'un autre homme. Ce soir-là, en quittant sa maison, les «copains-fantômes», eux, y entrent pour lui dire un dernier adieu par la fenêtre. Jimmy est là aussi et écrase une larme. Ce qu'il avait voulu est arrivé: Nina est sauvée.

Cette histoire porte un titre qui vous rappellera une expression familière: *Beaucoup, passionnément, à la folie*. Ce très beau film, superbement joué, cache, sous ses apparences éclatées, une belle sagesse et dit tout le courage des humains pour surmonter leurs détresses. Mais surtout qu'il y a des étapes à vivre dans un deuil et qu'il ne faut en escamoter aucune. Mon titre était au départ «L'histoire d'un deuil»; mais plus j'avançais dans ma narration, plus il m'apparaissait que c'était plutôt une histoire de vie, de la vie.

Un sourire qui sauve

Nocturne indien: un film énigmatique, hermé-
tique même de prime abord et dont les principales qualités sont de nous amener à
réfléchir. Un film qui interroge.

Rossignol, le personnage principal, cherche un ami
lointain qu'il dit avoir perdu de vue et qu'il veut
retrouver à tout prix, on ne sait trop pourquoi.
Déterminé cependant à le retracer coûte que coûte, il
part pour l'Inde où supposément l'ami en question
aurait vécu récemment. Mais ses points de repère
sont peu clairs et l'on se demande comment il arri-
vera à ses fins.

Le regard de Rossignol, un tout jeune homme
encore, est très intense et quasi insoutenable. Il paraît
vouloir percer le mystère des êtres et des choses et
trahit davantage le malaise intérieur qui l'habite que
son désir de retrouver cet ami. Peu loquace, ce sont
ses yeux qui parlent et disent son angoisse; on le sent
même prêt à pleurer parfois. Mais il continue ses
recherches sans se laisser démonter par les obstacles
et les échecs nombreux. Les dialogues, rares, laissent
beaucoup de place au silence et à la réflexion.

La misère des quartiers pauvres de Bombay que la
caméra nous montre, font un contraste violent avec la
richesse de certains lieux que notre ami est appelé à

fréquenter: hôtels de luxe, monastères anciens et bibliothèques imposantes. Tout ce décor, joint à la chaleur écrasante, contribue à rendre étouffante et angoissante l'atmosphère du film. Peut-être veut-on mettre en évidence l'état d'âme du jeune homme?

Les événements que Rossignol vit en cours de route, les gens qu'il est amené à rencontrer dans ses déplacements ou qu'il consulte laissent planer des doutes quant à la signification du film. Tourné vers l'intérieur de lui-même, Rossignol poursuit un rêve ou un but qui revêt les traits de l'ami recherché; mais en réalité, il n'en est rien et on le découvre en même temps que lui. Chacune de ses démarches l'éclaire graduellement sur lui-même et sans qu'il le dise ouvertement, on sent très fortement la quête qu'il fait de son âme.

Il semble que celui que Rossignol cherchait, c'était lui-même et qu'il n'en était pas conscient. Il ne savait plus qui il était. Il cesse ses démarches au moment où une certaine certitude s'installe en lui. Le voyage de notre personnage n'était que prétexte à images qui parlent davantage de sa vie intérieure et de sa rencontre avec lui-même.

Si ce film a un mérite, c'est celui de nous ramener à notre propre histoire à tous; la vôtre, la mienne. Elle n'épouse pas nécessairement les mêmes méandres, ne nous pousse pas aux mêmes interrogations ni à la même angoisse, mais son sens ultime est le même: savoir qui on est et vers quoi on tend, et trouver les réponses à travers les événements de notre vie.

À la toute fin, c'est le sourire de Rossignol qui nous dit qu'il est délivré de son angoisse: il a trouvé et il est enfin sauvé.

Babette et son festin

Un très beau film, un régal pour les yeux. Pour le cœur surtout, où l'on voit Babette à l'œuvre dans la préparation de son festin inoubliable pour une poignée d'habitants d'un petit bourg du Danemark. Mais le vrai festin est dans le cœur de cette jeune Française en difficulté, recueillie par les deux filles du pasteur du village. Deux femmes plutôt pauvres à qui elle offrira gratuitement ses services en échange d'un toit.

Sauf de rares images du paysage désolé de ce coin perdu, des quelques maisons au toit de chaume, blotties les une près des autres comme pour se protéger de l'âpreté du climat, pour se donner chaud, le film est entièrement tourné à l'intérieur des murs et révèle l'intérieur des âmes.

Les dialogues sont réduits au strict minimum, une religion puritaine et des mœurs austères ayant brimé tout élan spontané chez les personnages de cette histoire qui est, avant tout, un roman d'intériorité. Tout se passe autour des petites occupations journalières, des rencontres des membres de cette communauté dans la maison du pasteur, des veillées sous la lampe où les deux sœurs échangent des propos calmes et sages. Scénario qui aurait pu être banal si tout n'avait baigné dans une ambiance de paix feutrée, de sérénité extraordinaire. On est pris au piège de la douceur.

Le festin de Babette ne raconte pas, il fait parler les visages, les regards. La lenteur qui marque le déroulement de la vie de ces gens est envoûtante. Ce n'est pas l'hésitation qui la caractérise, c'est le recueillement. On ne peut qu'y céder, que se laisser envelopper dans ce cocon de tranquillité. Mais plus que tout, le film nous fait vivre un contraste presque douloureux: là, recueillement où les êtres se trouvent, ici, hyperactivité où nous nous perdons de vue. Les gestes des protagonistes, sans précipitation et pleins de noblesse, la beauté des sentiments et des images suscitent une sorte de nostalgie. Non pas d'un retour à un mode de vie dépassé, mais d'une existence qui coulerait de temps à autre comme un beau fleuve apaisé.

Le festin de Babette ne craint pas de bien finir sur un repas à peine imaginable pour ces gens à la foi trop rigide et qui se méfient du bonheur. Ce festin qu'offre Babette et où elle engloutit volontairement son petit avoir, les verra sortir peu à peu de leur méfiance. Babette redeviendra pauvre mais elle aura trouvé son bonheur en le communiquant.

Un film merveilleux dont le souvenir, malgré une certaine tristesse latente, laisse flotter des rêves de paix, de bonheur serein et de bonté.

Ceux qu'on appelle les «petites gens»

C ertains vont leur petit bonhomme de chemin sans rechercher quelque publicité que ce soit. Ceux-là, dont on entend rarement parler et pour cause, n'ont ni pouvoir ni voix pour se faire entendre autre que celle de leur humilité et de leur pudeur. Les médias ne les relancent pas, ils n'auraient rien à dire. Ou plutôt, ils auraient beaucoup à révéler, mais ils ne sauraient l'exprimer parce que le sensationnel est absent de leur vie. Le «grand» est en eux et cela ne saute pas aux yeux d'ordinaire.

Leur vie est simple même si la souffrance n'en est pas exempte, et bien rangée comme un tiroir après le ménage du printemps. Ils font leur travail consciencieusement, préoccupés de joindre les deux bouts pour faire vivre leur famille. C'est souvent chez eux qu'on trouve le plus de générosité. Ils donnent comme ils respirent, cela leur est naturel. Ils n'ont pas besoin que le souvenir de leurs dons soit gravé dans la pierre, ils n'attendent pas de reconnaissance.

Telle était cette dame que j'ai connue. Sans grande instruction mais douée d'une vive intelligence, d'une sagesse hors du commun. De milieu très modeste, c'était une grande dame, par son cœur, ses manières douces et affables et ses goûts raffinés. Son humour et ses reparties étonnaient chez une personne aussi effacée qui ne parlait que pour dire les vraies choses. Son rire joyeux et un peu étouffé éclatait à tout moment. Il sonne encore à mes oreilles. Je revois ses beaux yeux bleus et ses traits si délicats, sans parler de cette bonté qui lui gagnait les cœurs.

Elle savait écouter, comprendre et compatir. Je l'aimais. Elle n'est plus et je me la remémore souvent. Sans le savoir ni le vouloir, elle était un témoignage. D'une grande sensibilité, elle eut beaucoup à souffrir dans sa vie et pourtant, je n'ai jamais entendu de paroles amères ou blessantes sortir de sa bouche.

Une douceur sans bonasserie la caractérisait. Avait-elle des défauts? C'est plus que possible, mais je ne lui en connaissais pas vraiment et, d'ailleurs, cela m'était parfaitement égal. Son goût du beau et du bon, son cœur si tendre me ravissaient et me suffisaient pour lui être attachée.

Elle est partie sans bruit, sans se plaindre. Comme elle était, comme elle a vécu. Son départ a été un choc. Mais le souvenir que je garde d'elle m'habite et continue de me parler de ce qui rend bonnes la vie et les relations humaines.

Bien des gens, comme cette femme, vivent et meurent sans histoire. Seuls ceux qui ne se laissent pas éblouir par les apparences peuvent savoir qu'ils ont côtoyé des saints dont le nom ne sera jamais inscrit ailleurs que dans les cœurs. Même si je nommais cette personne, rares sont ceux, sauf ses proches, qui la reconnaîtraient. Elle était de ceux qu'on appelle les «petites gens», qui n'ont aucune notoriété mais qui sont grands par leur intériorité.

Un grand-père inventé

Un beau matin tout récent, je me suis réveillée avec une idée pour le moins farfelue en tête: j'aurais tant voulu avoir un grand-père. Un rêve effacé de la nuit finissante a dû me mener dans des régions bien profondes pour être retournée tant d'années en arrière. C'était comme un regret d'enfant qui surgissait du plus profond de moi.

Bien sûr, ils ont existé mes deux grands-pères: de l'un, je n'ai que des photos, sa mort m'ayant devancée dans le temps. Quant à l'autre, ses yeux se sont fermés pour toujours un jour quelconque de mes cinq ans. Aussi, je n'ai de réels souvenirs, bien pâles en vérité, que de ce dernier.

Je me souviens de lui comme d'un homme toujours couché, malade et qu'on me menait embrasser dans son lit. J'en restais songeuse, avec des interrogations silencieuses. Je revois des traits un peu flous: une barbe grise ou blanche, je ne sais trop, un air souriant malgré sa lassitude. Surtout, de beaux yeux bleus qui mettaient du ciel sur son visage. Il me reste dans le cœur ces deux yeux-là de mon grand-père.

Comme son passage dans ma vie a été des plus éphémères, je m'en inventerai un de mon cru, comme j'aurais aimé qu'il fût. Un bon grand-père qui aurait été mon joyeux complice et aurait eu pour moi une secrète préférence. Est-ce égocentrisme de ma part? Qui n'a pas ce besoin viscéral d'être aimé de quelqu'un plus que tout autre au monde? Un bon grand-père qui m'aurait emmenée partout, dans la rue comme dans les bois, sur des chemins inconnus où il m'aurait dit le nom des choses, des fleurs, des arbres et des oiseaux. Qui m'aurait parlé de la vie.

Un grand-père affectueux, qui aurait défendu l'enfant trop susceptible que j'étais contre les terribles taquins de mon entourage. Qui aurait deviné et compris mes peurs et m'aurait rassurée. Est-ce là le portrait d'un grand-père idyllique, qui n'existe que dans les rêves d'enfants attardés? Et si cela était, qu'importe, puisque je sais que je rêve et que cela me fait du bien de rêver.

Grâce à ce grand-père inventé, j'ai retrouvé le chemin de mon enfance, j'ai osé m'aventurer sur les chemins de ce pays délaissé qu'est l'enfance. J'en reviens rafraîchie, pour vivre, parce que la vie, c'est aujourd'hui, qu'un hier vient expliquer et auquel, en plus, il donne ses couleurs.

Néanmoins, j'en veux un peu à ces yeux bleus qui, en se fermant, m'ont laissée orpheline.

Une enfance à l'écart

J e suis née et j'ai grandi dans un quartier isolé du reste de la ville. Du haut de la côte qui menait au premier coteau – la ville étant étagée sur trois coteaux – on apercevait, posées çà et là, comme par hasard, trois ou quatre maisons, dont la nôtre bien entendu. Carrée, sans prétention, de briques rouges et coiffée d'un toit noir en pente. Un jardin auquel mes yeux d'enfant avaient donné des proportions exagérées, nous séparait de notre seul voisin, seul jusqu'à mon adolescence du moins.

Je revois les hauts peupliers de chaque côté de la maison et qu'on a dû couper un jour, étant devenus trop envahissants; heureusement, autant d'érables les remplacèrent. Je retrouve aussi ancré dans ma mémoire le merisier au fond de la cour où mes frères et leurs amis grimpaient pour s'amuser et dévorer les petits fruits à s'en rendre malades.

Le bois, à quelques pas derrière la maison, devant, le parc et ses grands arbres qu'on a rasés pour faire place, plus tard, à un abominable viaduc. Progrès oblige. Puis le Saint-Maurice qui coulait au loin et que nous pouvions aisément apercevoir parce que rien n'arrêtait notre regard. Le soir, le coassement des grenouilles et des crapauds que le vent transportait, accompagnait le silence des belles saisons douces. La nature un peu sauvage, l'air pur, les fleurs de mai que nous allions cueillir pour l'anniversaire de notre mère, les aurores boréales sont les parfums et les images que m'a laissés mon enfance.

Je revois aussi la cour sablonneuse où j'aimais bien ériger des châteaux qui s'effondraient, à mon grand désespoir, mais que je reconstruisais inlassablement. Je me souviens aussi d'avoir enfoui dans le sable maintes pilules d'huile de foie de morue au goût trop douteux pour que je me permette de les avaler. Elles m'ont bien fortifiée! Peut-être ont-elles enrichi le sol et fait pousser une belle herbe tendre et bien verte!

Les aurores et les crépuscules qui avaient tout l'horizon en partage étaient magnifiques à voir. Du balcon du deuxième étage de la maison, j'ai souvent assisté à ces apothéoses du lever du jour. Les aurores boréales que les lumières de la ville ont fini par chasser du ciel nous présentaient par nuit sans lune, un spectacle d'une telle beauté que j'en restais saisie d'admiration.

J'ai appris là l'amour de la nature, le goût d'un certain silence, de la beauté et des longues rêveries, accoudée à la fenêtre de ma chambre, le soir, buvant l'air pur avec le calme, ou assise sur une bille de bois au bord de la rivière. Seule avec les oiseaux, au sein de cette nature fascinante et bercée par le clapotis de l'eau, j'en oubliais le livre ouvert toujours à la même page, trop préoccupée par ce qui s'offrait à mes yeux.

Ce n'était pas un quartier de la ville: c'était mon pays. Plus qu'un pays même, mon royaume. Et cela est si vrai que du jour où un deuxième voisin vint construire sa maison, je lui en ai voulu. Elle mettait un écran entre le ciel et moi. Elle me dépossédait. L'adolescence est entière et farouche parfois.

Ces souvenirs «ont fixé la couleur de mon âme» (Jean Guéhenno) car: «Je crois que bien avant de recevoir une éducation, on hérite d'une lumière, d'un climat, d'un paysage au parfum de terre: comme les vieilles liqueurs, ils s'éventent si on ne les conserve pas au frais, avec un soin maniaque.» (Jérôme Garcin*, *Littérature vagabonde*).

Par une certaine nuit d'hiver

On ne sait trop pourquoi certains souvenirs restés longtemps enfouis dans la mémoire resurgissent à un moment donné. Des liens entre présent et passé se tissent sûrement à la faveur de certains événements et font revivre des faits anciens. C'est ainsi qu'une histoire vécue dans ma petite enfance a refait surface récemment.

Ceux qui sont de ma génération se souviendront qu'à l'époque, il n'y avait pas de mesures sociales bien établies pour soulager la misère. Certains organismes paroissiaux et la charité individuelle tentaient d'y remédier tant bien que mal mais avec générosité. On pouvait voir alors beaucoup de gens pauvres solliciter de l'aide en frappant à nos portes.

Je revois certains d'entre eux demandant nourriture et vêtements. Notre famille vivant dans un quartier un peu isolé de la ville, l'irruption de ces gens dans notre vie trop tranquille me laissait un peu inquiète. Une sorte de mystère les accompagnait. Trop jeune pour analyser mes sentiments, je ne pouvais mettre un nom sur mon malaise et j'écoutais, silencieuse et pleine d'interrogations, les paroles qui s'échangeaient entre eux et mes parents.

Il est arrivé même qu'on ait sonné à notre porte durant la nuit. Lors d'une certaine nuit d'hiver, à une heure fort avancée, un coup de sonnette a retenti. Je ne bougeai pas de mon lit, la peur l'emportant sur la curiosité. J'appris plus tard ce qui s'était passé.

Un petit garçon d'une dizaine d'années environ, vêtu seulement d'un mince habit, les membres bleuis par le froid, s'était enfui du club où son père le faisait chanter pour en retirer quelques sous. Je ne sais comment il a pu aboutir chez nous; toujours est-il que cet enfant cherchait chaleur et secours. C'était un être chétif, d'une taille sous la normale, sans doute mal nourri et épuisé par le manque de sommeil et la vie qu'on lui faisait mener.

Qu'un enfant de cet âge puisse vivre une situation aussi triste dépassait mon entendement et me remplissait de pitié. Le fait qu'un policier, appelé par mes parents, vint le chercher par la suite ne fit qu'ajouter à mon désarroi. Ce dénouement m'apparut comme une injustice, ne pouvant comprendre alors que c'était le meilleur moyen de le protéger. Naïvement, j'en voulus à mes parents. Vit-il encore? Je ne le saurai jamais. Il a sans doute été marqué pour la vie par son expérience malheureuse.

Maintenant que les années ont passé, le mystère n'est plus, la pauvreté est démystifiée: elle a ses causes et on tente de lui trouver des remèdes. Mais elle persiste. Cependant, elle n'a plus le même visage, du moins chez nous. Seuls ceux qui la vivent en connaissent le tragique et l'humiliation. Discrète ou étalée, c'est le même scandale, la même injustice. Mon petit garçon aux membres raidis par le froid rejoint dans ma compassion tous les petits enfants du monde qui ont faim et froid, tous ceux dont on abuse et qu'on fait souffrir.

L'inconnu
de la rue Saint-Denis

L'anecdote qui va suivre m'a paru si touchante que j'ai eu l'envie d'en faire mon propos. Je la tiens d'un jeune couple de proches parents qui a vécu cet événement, banal en apparence, mais qui dénote une grande délicatesse et une belle santé. Pour plus de clarté, je les nomme: Josée et Marc.

Nos deux amis décident de passer une fin de semaine à Montréal, dans un petit hôtel de la rue Saint-Denis. Arrivés à destination, un jeune homme, pensionnaire d'une maison de chambres située tout à côté de l'hôtel et qui prenait le frais sur le balcon, leur fait remarquer qu'il serait préférable de mettre tout de suite de l'argent dans le parcomètre étant donné l'étroite et fréquente surveillance des agents de la circulation.

Après avoir déposé leurs bagages, ils reviennent, engagent la conversation avec Jean - le jeune homme en question - et lui apprennent que c'est l'anniversaire de Josée qu'ils viennent fêter avec des amis. Une promenade en vélo qui avait été projetée risquait de les retenir plusieurs heures; à la suggestion de Jean, ils lui donnent l'argent nécessaire pour quatre heures de stationnement.

À leur retour de promenade, ils constatent avec plaisir que Jean s'est bien acquitté de sa tâche, aucune contravention en vue. Mais une surprise des plus saisissantes les attend à leur chambre: Jean y a fait porter un joli bouquet de fleurs pour souligner l'anniversaire de Josée. Imaginez leur étonnement et leur émotion devant un geste d'une telle gratuité.

Quand je vous disais que cette anecdote démontrait une belle santé, c'était pour bien marquer la distance qui existe entre un monde qui nous paraît bien malade et celui, si humble mais bien présent d'un autre monde, celui-là plein de douceur et de bonté. De désintéressement aussi.

Des fleurs fraîches offertes par un inconnu sans doute touché par la candeur et la spontanéité de ces deux jeunes, un inconnu qui donne avec simplicité et gentillesse ce qu'il a de plus beau et n'attend rien en retour. Il faut mentionner et louer aussi son honnêteté, car il aurait pu partir avec l'argent et ne plus reparaître.

J'avoue qu'il m'arrive parfois de douter, sinon de désespérer, d'une humanité qui me semble par trop matérialiste, sans échelle de valeurs. Cette histoire m'a retournée et lorsque j'ai des vues trop pessimistes, Jean, l'inconnu de la rue Saint-Denis, vient frapper à la porte de ma conscience pour me faire la leçon.

Une question se présente à mon esprit: aurais-je eu l'audace de la transparence, de la confiance de ces trois jeunes?

L'âge de l'allègement

C'est une femme plutôt mince, toujours vêtue simplement et chaudement. Son beau regard sombre semble embué d'une sorte de mélancolie. Elle n'est pas vieille mais ses traits sont burinés par la vie. Elle a vu tant d'êtres chers la quitter, elle a vécu tant de choses difficiles, qu'elle ne veut plus s'attacher, dit-elle. Son cœur a eu trop mal. Comment tant d'événements douloureux peuvent-ils loger dans une seule vie? Maintenant, ses joies se concentrent dans un monde plus restreint qu'elle savoure malgré tout avec sagesse. Mais ses souvenirs veillent.

Les rares parents qui lui restent, les livres, les fleurs qu'elle plantera bientôt, son chien constituent en grande partie son univers. Même sa maison, sa belle maison qui donne sur la rivière, elle est prête à s'en défaire. Devant ce si long et si rigoureux hiver, son cœur a froid. Son corps aussi. D'un geste frileux, elle s'enroule dans sa couverture de laine qui lui donne peut-être le sentiment de se protéger du froid du dehors qui mord les os.

Elle aspire à des cieux plus doux, à un soleil plus fidèle. Elle ne sait pas si elle pourra, une fois de plus, une seule fois, vivre un autre hiver, cette saison qui n'en finit jamais de finir. Assise devant l'immense fenêtre qui ouvre sur un paysage magnifique fait d'eau et de forêt, elle est songeuse. Partagée aussi, sans doute, même si elle se dit détachée. Mais peut-on être vraiment détaché de tout, même quand on a abordé l'autre versant de la vie? De ce qui apparaît superflu, oui. Mais pour ce qui nous tient au chaud et nous rattache encore à la vie, est-ce possible de se défaire de ses liens sans qu'il y ait arrachement? Être en vie, c'est désirer, c'est aimer et la vie mérite qu'on l'aime en dépit de tout.

Cependant, la plus grande sagesse ne fait pas taire les questions. Aux jours de doute et de chagrin, elles surgissent pour elle comme pour tous ceux qui n'acceptent pas de vivre médiocrement. Et chez cette dame, qui pourrait être vous, être moi, on sent sourdre une certaine révolte devant le malheur qu'elle ne peut maîtriser et qui est un signe de vie, d'amour de la vie qui veut prendre le dessus et qui ne se résigne pas à être ainsi meurtrie. Puis d'un geste brusque de la main, elle semble vouloir balayer ces «pourquoi» qui la hantent et auxquels elle ne trouve d'autre réponse que cette révolte.

Capable de douceur et d'emportement, d'ardeur et de sagesse, ainsi apparaît-elle d'abord. Puis dans son rire sonore et son accueil chaleureux, on sent son cœur bon et généreux. Femme d'une grande sincérité, elle se taira plutôt que d'afficher des sentiments qu'elle n'éprouve pas. Malgré ses blessures, elle vieillit bien et son intérêt pour les belles choses ne pâlit pas.

Elle avance sur le chemin qui mène, non à la vieillesse, ce qui ne signifierait pas grand-chose, mais à la sérénité qui est l'horizon à atteindre. Et comme tous ceux qui ont vécu, ce qui s'appelle vivre, elle emporte avec elle le souvenir des jours doux ou tristes, pénibles ou joyeux qui ont marqué sa vie. C'est là qu'est son trésor.

Joyeux Noël,
Monsieur le facteur

Infatigable, il parcourt les rues de notre quartier d'un pas rapide. Beau temps, mauvais temps, qu'il gèle à pierre fendre ou qu'il pleuve, il refait son périple chaque jour de la semaine, déposant un peu de son fardeau à toutes les portes. S'il passe tout droit, je suis un peu déçue.

Sa venue est toujours attendue avec impatience et c'est cela qui est étonnant. Qu'espérons-nous, qu'attendons-nous de lui? C'est comme s'il faisait office de magicien, tirant de son sac toutes sortes de surprises, bonnes et moins bonnes. Le bruit du couvercle de la boîte aux lettres qui se referme a le don de nous mettre en alerte et d'éveiller notre curiosité, de susciter l'espoir d'une lettre mystérieuse qui va changer le cours de notre vie. Son passage marque une étape, un arrêt dans nos activités. Il peut apporter la déception ou l'ennui, bien sûr, mais aussi le plaisir et même des moments de bonheur.

De voir déambuler le facteur dans nos rues a un petit air du passé. C'est presque désuet. Il nous faut profiter de vos bons services, monsieur le facteur, car viendra bien assez vite le moment où la boîte aux lettres commune du coin de la rue vous remplacera.

À moins que ce ne soit un robot. Ni l'une ni l'autre ne souriront et n'engageront la conversation, inutile de l'espérer. On nous dira que le système sera plus efficace – mais je n'en crois rien et de plus, l'efficacité, en l'occurrence, me laisse indifférente – il sera surtout moins humain. Que feront alors les personnes âgées et les malades?

Vous êtes important, monsieur le facteur, vous ne le savez peut-être pas et on ne vous l'a jamais dit, sans doute. Nous sommes si habitués que vous soyez là, que nous oublions que vous devez avoir ou très froid ou très chaud, selon les saisons. Il arrive peut-être que les gens vous disent bonjour ou merci et qu'ils soient gentils avec vous. Vous faites partie de notre quotidien, de ce train-train rassurant où nous nous enlisons parfois, trop préoccupés ou inattentifs.

Monsieur le facteur, je ne sais pas votre nom, mais je le saurai bien un jour. Vous faites partie de mon existence, vous êtes l'intermédiaire entre l'extérieur et moi. Aussi, s'il y a des factures à payer dans ma boîte aux lettres certains matins, je ne vous en veux pas. Mais quand vous m'apportez une lettre que je n'attendais plus ou un chèque de remboursement d'impôts, je vous bénis même si vous n'y êtes pour rien.

À vous mon facteur, et à tous les facteurs de bonne humeur qui circulent dans notre ville, je souhaite un Joyeux Noël, des rues et des perrons bien dégagés et longue vie à votre métier.

Ceux que l'on dit «grands»

L es «grands» sont simples. S'il ne semble pas en exister beaucoup, c'est précisément à cette simplicité, à cette absence de panache que nous le devons. J'en connais, et vous aussi sans doute, et vous savez quel bonheur il y a à les rencontrer. Qu'on ne s'y méprenne pas cependant: je ne parle pas de ceux qui ont réussi dans la vie ou qui possèdent l'argent et le pouvoir; je ne les exclus pas non plus, s'ils savent rester humains, vrais et lucides sur eux-mêmes; je parle surtout de ceux qui ont réussi leur vie et qui, ayant beaucoup appris, considèrent qu'ils savent peu. Ce qui fait dire à Christian Bobin*: «Le savoir que nous avons d'une chose enferme cette chose sur nous-mêmes.»

Le monde de la connaissance est d'une infinie variété; l'intelligence humaine, elle, si grande soit-elle, a des limites. Ce qu'on sait d'une science ou d'un art est minime par rapport aux mystères qu'ils recèlent. Ce n'est pas parce qu'une personne est devenue un écrivain reconnu, un savant émérite, un musicien ou un artiste renommés qu'elle est noble. Car elle peut rester enfermée dans sa science et ne rien connaître du cœur humain et d'une relation chaleureuse avec son entourage.

Ce qui rend grand un être humain est ce qu'il est en lui-même et ce qu'il a à donner et en qui nous retrouvons cette délicatesse, ce respect qui en fait toute la noblesse. Est grand celui qui, tout en reconnaissant ses dons et en étant heureux de ce qu'il accomplit, n'en tire pas de sotte vanité. Est grand celui qui sait rester humble et qui continue sa quête, conscient qu'il est lui aussi en devenir et qu'il aura toujours à apprendre.

Celui-là, nous pouvons le reconnaître au premier abord. Il ne se penche pas avec condescendance pour aborder l'autre, c'est une rencontre d'homme à homme qui a lieu. Il ne s'abaisse pas non plus sous prétexte de se mettre au niveau de ceux qui ont moins reçu de la vie: il serait alors prétentieux et méprisant.

Est grand par ailleurs celui qui sait peu mais reconnaît sa condition d'ignorant sans essayer de la masquer en prenant des poses. S'avouer sa «pauvreté» est aussi difficile que d'oublier sa «richesse». Se dire petit avec de la hargne et de la jalousie dans le cœur ne vaut pas mieux que de se croire d'une essence supérieure. C'est la tentation de la fausseté pour ce qu'elle procure d'avantages et de pouvoir.

Le prétentieux est toujours perdant, au fond: il ne sait pas qu'il ne charme que lui-même et que les autres ont tôt fait de le démasquer. «Celui qui s'étonne et s'émerveille se croit ignorant.» (Claude Roy*, *Le Rivage des jours*)

Remerciements

Au journal *Le Nouvelliste*, de Trois-Rivières, qui publie à chaque semaine mes textes dans la page éditoriale depuis 1985.

Un merci sincère et tout spécial à Gilles Joubert qui m'a si généreusement aidée dans la transcription de mes textes.

Liste des ouvrages cités

Alain, *Propos sur le bonheur*, 1928, Paris, Gallimard, Coll. Idées, 233 p.

Alain, *Les Passions et la sagesse*, 1960, Paris, Gallimard, Coll. La Pléiade, 1411 p.

Bobin, Christian, *Le Très-Bas*, 1992, Paris, Gallimard, Coll. Folio, 131 p.

Bobin, Christian, *La Part manquante*, 1996, Paris, Gallimard, Coll. Folio, 99 p.

Bobin, Christian, *Une petite robe de fête*, 1991, Paris, Gallimard, Coll. Folio, 91 p.

Bobin, Christian, *Éloge du rien*, 1990, Fontfroide-la-Haut, Fata Morgana, 23 p.

Camus, Albert, *Le Premier Homme*, 1994, Paris, Gallimard, 331 p.

Chédid, Andrée, *À la mort, à la vie*, 1996, Paris, Flammarion, 237 p. («L'ancêtre sur son âne»)

Comte-Sponville, André, *Impromptus*, 1996, Paris, Presses Universitaires de France, Coll. Perspectives critiques, 191 p.

De Smedt, Marc, *Éloge du silence*, 1986, Paris, Albin Michel, 253 p.

Duhamel, Georges, *La Possession du monde*, 1939, Paris, Mercure de France, 232 p.

Garcin, Jérôme, *Littérature vagabonde*, 1995, Paris, Flammarion, 340 p.

Labro, Philippe, *La Traversée*, Paris, Gallimard, 1996, 300 p.

Lindbergh, Anne, *Solitude face à la mer*, traduit de l'américain par Nicole Bogliolo et Georges Roditi, Montréal, Presses de la Cité, 1973, 218 p.

Noël, Marie, *L'œuvre poétique*, 1956, Paris, Stock, Delamain et Boutelleau, 487 p.

Pennac, Daniel, *Comme un roman*, 1992, Paris, Gallimard, 173 p.

Rilke, Rainer Maria, *Lettres à un jeune poète*, 1937, Paris, Grasset, Coll. Les Cahiers rouges, 150 p.

Roy, Claude, *Le Rivage des jours*, 1992, Paris, Gallimard, 311 p.

Singer, Christiane, *Du bon usage des crises*, 1996, Paris, Albin Michel, Coll. Espaces libres, 147 p.